KB201507

토기장이가 빚으신

간장종지

토기장이가 빚으신
간장종지

- 초판 1쇄 인쇄 2021년 6월 10일
- 초판 1쇄 발행 2021년 6월 15일

- 지은이 이순애
- 펴낸이 조유선
- 펴낸곳 누가출판사
- 등록번호 제315-2013-000030호
- 등록일자 2013. 5. 7.
- 주소 서울특별시 공항대로 59다길 276 (염창동)
- 전화 02-826-8802 팩스 02-6455-8805
- 이메일 sunvision1@hanmail.net

- 정가 15,000원
- ISBN 979-11-85677-59-0 03230

이순애 지음

토기장이가 빚으신

간장종지

하나님을 사랑하므로 그 안에서 그분의 뜻대로 살다가
축복의 열매를 따 먹고 사는 행복한 여인의 인생 스토리

출판사
누가

차례

이순애 전도사님의 『토기장이가 빚으신 간장종지』를 읽었습니다. 실화를 바탕으로 쓴 한 편의 소설을 읽고 난 기분입니다. 전도사님의 삶을 돌아보면 무척 당황스럽기까지 합니다.

유난히 발걸음이 활기차고 걸음걸이가 예뻤던 아가씨의 그 부분을 하나님은 취하셨습니다. 심한 잘못이 있어 하나님께 야단을 맞은 것도 아니고, 전도사님을 통해 세상을 바꿀만한 원대한 계획이 있어 하나님께서 고난의 풀무불로 넣으신 것도 아닙니다. 그러나 전도사님의 소박한 간증처럼 간장종지 한 그릇으로 쓰시려고 하나님이 부르시기에는 너무나 혹독한 부르심입니다.

그런데, 더욱 놀라운 것은 그런 부르심을 담담히 받아들였다는 것입니다. 살다가 어느 날 만나는 감기처럼 하루아침에 찾아온 그 무섭고 고통스러운 장애를 삶으로 받아들입니다. 그리고 그 상처에 씨앗을 심고 물을 주어 아름다운 꽃을 피워 사명자의 길로 들어서게 됩니다. 또한 같은 장애를 가진 분들의 아픔을 돌보며, 선교의 현장에서 복음을 전하는 일에 이르기까지 장애를 잊어버리기에 충분할 정도로 왕성하게 활동을 하시는 슈퍼우먼입니다.

책을 읽고 많은 감동을 받았습니다. 한번 시작한 글은 좀처럼 쉬어가기 힘든 흡인력 있는 글입니다. 모든 곳에서 하나님이 보이고, 사명이 보입니다. 글을 읽고 나니, 지금까지 살아온 아름다운 삶보다, 앞으로 살아낼 남은 생애가 더 기대되는 책입니다. 전도사님의 모 교회인 강남중앙침례교회의 담임목사로서 한없이 고맙고 자랑스럽습니다. 모든 분께 기쁨으로 마음 모아 추천해 드립니다.

강남중앙침례교회 담임목사 최병락
〈부족함〉〈다시 일어남〉〈어둠 속에 부르는 노래〉 저자

하나님의 사람은 과거의 은혜에 안주하지 않고, 오늘 내게 주시
는 하나님의 비전을 따라 전심전력으로 달려가는 것입니다. 주님
의 복음은 세상 어떤 것과도 비교하거나 바꾸지 않습니다. 겸손히
주의 얼굴을 구합니다. 이렇게 하나님의 뜻대로 살아가는 것만큼
행복한 인생이 어디 있을까요? 평생 주님을 기뻐하며, 주님을 찬
양함이 얼마나 귀하고 감사한지 저는 이순애 전도사님의 글을 읽
으면서 다시 한 번 깨닫게 됩니다.

　자신을 "간장종지"라고 낮추며 고백하지만 사실 전도사님의 인
생은 하나님의 사랑이 필요한 작은 자들을 찾아서 희생과 헌신된
삶으로 하나님의 역사하심 그 자체입니다. 자신 역시 불편한 몸임
에도 불구하고 사회적 편견이 있는 장애인들의 편에 서서 예수님
의 말씀을 전하고, 그들을 사랑함이 결코 녹록한 일만은 아니었을
것입니다. 또한 복음전도를 위해 성실히 문서 선교에 힘을 쏟고,
가시 같은 사랑의 역경 속에서도 주를 향한 소망을 잃지 않음에서
전도사님 중심의 진정성을 보았습니다.

　이 책은 이순애 전도사님의 신앙 여정을 소박한 일기처럼 때로
는 수필처럼 소설처럼 문학에 접목시켜서 부드럽게 쓴 글이기 때

문에 신자나 불신자들이 부담없이 재미있고 은혜롭게 읽을 수 있어 하나님 만나기가 쉬운 전도의 글이며, 하나님의 사람으로 살았던 전도사님의 이야기이자 또한 크고 위대하신 하나님께 드리는 찬양 고백입니다. 때문에 고난과 절망 속에서도 나를 향하신 신실하신 하나님 아버지의 마음을 알게 됩니다.

우리가 신앙생활을 하다보면 상황과 환경의 어려움으로 낙심하지만 기도하는 자에게 새 힘과 능력을 주시는 주님의 세심한 안아주심을 경험하게도 합니다. 때문에 많은 분들이 이 책을 통하여 우리 주 예수 그리스도의 거룩하신 십자가 은혜와 사랑을 깨닫게 되시기를 바랍니다.

오륜교회 담임목사 김은호

"간장종지로써의 위대한 삶"

추천서를 써달라는 부탁을 받고 이 책의 원고를 다 읽었을 때, 저는 제가 어디에선가 읽었던 문장인 "노인 한 사람의 죽음은 도 서관 하나가 불타 없어지는 것과 같다"는 말이 생각났습니다. 노 인 한 사람의 인생 속에는 마치 도서관과 같은 엄청난 사건들과 정보들의 이야기들이 있다는 의미일 것입니다. 이제 70세를 맞이 하는 이순애 전도사님의 인생 속에도 수많은 감동적인 이야깃거 리들로 가득 차 있을 것입니다. 기쁨과 행복과 소망의 이야기들도 있을 것이고, 슬픔과 아픔과 절망의 이야기들도 있을 것입니다.

무엇보다도 이순애 전도사님에게는 그녀가 발병發病해서 가장 연약했을 때, 구주요 주님 되신 예수 그리스도께서 찾아와 주시 고 구원해 주시고 하나님의 딸로 삼아주셔서 전도사님의 삶을 여 기까지 인도해 주신 감동적인 이야기가 있습니다. 두보의 시구(詩 句)중에 "인생칠십고래희"人生七十古來稀라고 했는데, 자신이 살아온 70년의 인생을 되돌아보며 하나님께서 함께 해 주신 사랑과 능력 을 책으로 엮어 독자 여러분들과 공유하고자 하시는 이 전도사님 의 용기와 수고에 큰 박수를 보냅니다.

제가 이 전도사님을 처음 만났던 것은 1981년 3월초였습니다. 그때 저는 1년 전에 한국침례신학대학교 정과(正科. 신학대학원의 전신)에 입학하여 2학년으로 막 진급을 했을 때였습니다. 벌써 40년의 세월이 흘렀습니다. 1980년 가을에 전국에 산재한 신학대학교에 신학대학원M. Div. 학위과정 과정이 필요함을 느껴 교육부로부터 처음으로 공식적인 인가가 났었습니다. 그래서 1981년 3월에 한국침례신학대학교 신학대학원에 16명의 제1기 신입생들이 입학을 했는데, 여학생 2명 중 한 명이 이순애 전도사였습니다. 첫눈에 그녀는 몸이 한쪽으로 많이 기울여져 있었고 걸음걸이가 불편했고 한쪽 팔과 다리를 정상적으로 움직일 수 없는 상태였습니다. 그러나 그녀의 얼굴 표정은 무척 밝았고 기쁨에 넘쳐 있는 듯했습니다. 목소리도 확신에 차 있는 듯 카랑카랑했습니다. 앞으로 감당해야 할 신학공부와 신대원생활에 대해 호기심과 기대감으로 가슴이 설레는 듯했습니다.

사실 저는 이 전도사님이 어떤 상황에서 그러한 심각한 장애를 가지게 되었는지에 대해서는 이 책의 원고를 읽기 전까지는 잘 모르고 있었습니다. '아마도 어릴 때에 소아마비를 앓아서 불편한 몸으로 살아왔었나 보다'라고 짐작만 하고 있었습니다. 그런데 이

전도사님은 어느 누구보다도 자신 있고 활기차게 건강한 몸으로 중·고등학교 생활과 대학생활을 건강하고 에너지 넘치게 했습니다. 대학교를 졸업한 후에는 중학교 교사로 임명을 받아 만 3년 동안 자신의 젊음을 불태우며 학교생활과 학생들의 특별활동 지도에도 헌신했습니다. 몸을 아끼지 않고 너무 과로해서 그랬던 것일까요? 아니면 하나님의 특별하신 부르심이었을까요? 20대 중반에 선천성 뇌혈관 기형으로 좌측편마비가 찾아왔던 것입니다. 무엇보다도 생기발랄하고 자신만만했던 그녀의 영혼이 갑자기 불안과 공포와 절망으로 병들기 시작했습니다. 결국 매우 위험할 수도 있는 뇌수술까지 받아야 했습니다.

마치 한밤중에 갈릴리 호수 건너편으로 배를 타고 가던 제자들이 큰 풍랑을 만나 사경을 헤매고 있을 때 예수님께서 그들을 친히 찾아오셔서 바람과 물결을 잠잠케 하시고 그들을 구원하셨던 것처럼(마 14:22-33), 고통과 절망의 풍랑 속에서 허우적거리고 있을 때 예수님께서 이순애 전도사님에게 찾아오셔서 그녀를 건져 주셨습니다. 비로소 이 전도사님은 예수 그리스도 안에서 인생의 새로운 목적을 찾으셨고, 자신처럼 방황하고 고통받는 사람들을 구원하고 도우며 사는 삶에 가치를 발견하게 되었습니다. 이 전도사님이 겪었던 고통과 절망은 오히려 하나님을 만나는 축복의 통로가 되었던 것입니다. "위장 偽裝된 축복"이라는 말이 이 전도사님을 두고 하는 말인 것 같습니다.

또한 하나님의 부르심을 받아 3년 동안 신학대학원 수업을 마치고, 졸업 후에는 불편한 환경 속에서 지내는 장애인들에게 말씀과 행함으로 섬기는 사역을 감당하였습니다. 자신의 변화된 삶을 통해 부모님을 비롯해서 가족들 모두를 예수님께로 인도하여 구원받게 하고, 최근에는 시야를 동남아 선교지로 돌려 베트남과 캄보디아 지역의 선교현장을 돌아보고, 그 지역 사람들의 영적인 필요와 현실적인 필요를 보게 하시고 그들을 그리스도의 사랑으로 섬기는 사역도 감당하였습니다.

책 제목과 같이 이순애 전도사님은 자신을 "간장종지"라고 부르고 있습니다. 간장종지! 흙으로 빚어 깨어지기 쉬운 작고 연약한 그릇, 밥상의 그릇들 가운데 가장 작은 그릇, 그러나 옛날 밥상에서는 없어서는 안 되었던 그릇이 바로 간장종지입니다. 제가 어렸을 때, 저희 집의 가족 밥상에도 간장종지가 항상 놓여 있었습니다. 음식의 간을 맞추기 위해서 그리고 구운 김으로 밥을 싸 먹기 위해서 간장은 없어서는 안 될 꼭 필요한 반찬이었습니다. 이순애 전도사님은 맛을 잃어가는 이 세상에서 짠맛을 내는 간장을 담는 간장종지로써의 역할을 감당해 왔습니다. 앞으로도 간장종지로써의 사명을 다하고자 다짐하고 있습니다.

저는 이 원고를 정독하면서 20대 젊은 시절에 육체적인 고통과 정신적인 방황을 겪었던 제 자신의 모습을 보는 것 같아 가슴이 아려오는 듯한 느낌을 여러 차례 받았습니다. 고통의 종류와 정도에는 차이가 있지만 이 전도사님의 간증이 저에게는 감동적인 울림으로 다가왔습니다. 이 전도사님이 육신적으로는 여전히 연약한 가운데 있지만, 하나님의 능력을 의지하며 고아와 장애인을 도우며 살아가는 간장종지로써의 삶이 참으로 위대하게 느껴졌습니다.

이순애 전도사님의 삶 그 자체와 간증을 기술한 이 책이 수고하고 무거운 짐을 지고 살아가는 모든 사람들에게 큰 힘과 격려가 되기를 바랍니다. 특히 크든 작든 불편한 장애를 가지고 힘겹게 살아가는 분들에게 힘과 용기가 되기를 바랍니다. 건강한 몸으로 살아가면서도 만족과 감사를 모르고 지내온 사람들에게는 자신을 돌아보며 자신에게 이미 임해 있는 하나님의 은혜와 사랑이 얼마나 큰지를 깊이 깨닫게 되기를 바랍니다. 이 책이 아직 예수님을 만나지 못한 분들에게는 전도의 도구가 되기를 바라고, 고통과 절망으로 번민하는 분들에게는 새로운 용기를 얻게 되기를 바랍니다.

『토기장이가 빚으신 간장종지』의 출간을 축하드리며, 많은 분들이 이 책을 일독하시기를 강추_{强推, 강력추천}합니다. 이 책을 통해서 한 인간을 변화시키시는 하나님의 위대한 사랑과 능력을 뜨겁게 경험하기를 바랍니다. 끝으로 이순애 전도사님의 삶과 사역을 향한 하나님의 계획과 목적이 남은 생애 동안 아름답게 열매 맺기를 기도드립니다. 더욱 건강하세요.

2020년 10월 24일
한국침례신학대학교 교회사 명예교수/철학박사 김승진 목사

꿈 많았던
시절

정애가 처음 이성을 만날 수 있었던 기회는 19세 때, 대학에 진학하고 부터다. 70년대 초만 해도 젊은이들의 이성교제는 거의 그랬다. 그가 대학생활을 하면서부터 만난 이성은 여느 여대생 치고는 많은 편이었다.

미팅에서 만난 남학생으로부터 교내외 써클(동아리) 친구와 선후배들… 이것은 정애의 화려한 남성편력을 얘기하려는 것이 아니라 그만큼 활달하고 사회성이 좋고 교제의 폭이 넓었음을 이야기하고 싶은 것이다. 정애의 대학생활은 그의 인생에 빛나는 전성기였다. 그가 남성을 대하는 태도에는 특별히 좋은 사람도 특별히 싫은 사람도 없었다. 단지 기회가 되어 이성을 만나면 대화 상대자로서 성실히 대하고 결코 상대방에게 환심을 사려고 노력을 하거나 여성 특유의 관능적인 색깔을 보이지 않았다. 그러나 대부

토기장이가 빚으신 간장종지

분 남학생들은 그녀와 만나고 나면 거의 애프터를 청할 만큼 정애
는 남학생들에게 호감적이었다. 특별히 인물이 뛰어난 것도 팔등
신 미인도 아닌, 단지 160센티가 밑도는 자그마한 체구에 균형 잡
힌 몸매와 크진 않지만 유독 반짝이는 까만 눈망울… 그리고 언제
나 야무지게 닫혀 있는 또렷한 입술. 그것이 정애가 지닌 외모의
전부다. 특색이라면 바람이 잔뜩 들어간 탄력 있는 공처럼 가볍게
걷고 기지가 풍부한 말솜씨랄까!

　여고시절, 쉬는 시간에 감색 후레아 스커트를 입고 학교 교정에
서 잔디밭과 인도와의 경계를 알리는 높이 10센티, 폭 12센티 정
도의 좁은 경계석 위를 걷노라면 친구들이 깔깔거리며 줄을 서서
정애의 걸음걸이를 흉내 내곤 했다. 마치 패션모델들의 워킹연습
을 흉내라도 내듯이….

　“애, 넌 다리가 걷는데 왜 허리가 흔들리니?”

　이렇게 걸음걸이가 예뻐서 친구들의 부러움을 사기도 했고, 겨
울방학 때 고향집에 내려갈 때면, 광한루의 꽁꽁 얼어붙은 오작교
다리 밑을 마음대로 드나들면서 쌩쌩 스케이트를 즐겨 타기도 했
는데 5일장이 서는 날엔 면에서 읍내로 장보러 나온 시골 아낙네
들의 부러움을 사기도 했다.

　대학 1학년 때, 미팅에서 만난 남학생이 있었다. 만난 지 얼마
되지 않아 그들은 뚝섬유원지에서 12시에 만나 가게를 찾아 두리

번거렸지만 보이지 않았다. 그들은 모래밭에 있는 좌판에서 삶은 계란을 어렵게 구해서 벤치에 앉아 껍질을 벗기다 그만 놓쳐 땅에 떨어뜨렸다. 정애는 얼른 주워서 흙이 묻은 흰자는 떼어버리고 아무렇지도 않은 듯이 노른자만 입에 쏙 넣고 오물거렸다.

"계란 속은 흙이 안 묻어서 먹을 수 있어요."
"……"

남학생은 이제 겨우 두 번 만난 여학생이 창피한 줄도 모르고 친하지 않은 자기 앞에서 보여준 알뜰한 모습에 끌렸는지 그 일 이후, 오랫동안 귀찮게 따라 다녔던 추억이 있을 만큼 정애는 어려서부터 야무지다는 소리를 듣고 자랐다. 그녀는 대학 방송국에서 아나운서를 했기 때문에 여러 행사 때마다 사회를 맡아놓고 보았고, 문학의 밤이나 대학축제에서는 패션쇼 사회와 포크댄스 시범을 보이며 남녀 학생 커플들 앞에서 재능을 발휘하곤 했다. 사립재단인 여학교가 대만에 있는 학교와 장충체육관에서 자매 결연식을 할 때도, 대학 부속 유치원, 부속 여중·고와 대학교까지만 오천여 명의 학생들이 모였을 때도 사회를 보았다. 그때 정애는 꿈 많은 대학 1학년 생으로 열아홉 살이었다(7세에 초등학교 입학).

어느 날엔 자주 이용하던 동네 세탁소 아저씨가 "학생은 걸음걸이가 자신만만해서 언제 봐도 보기 좋아요." 하는 칭찬을 들었던 일이 생각이 난다. 그런데 그런 얘기를 들은 어느 날 밤, 귀가하

토기장이가 빚으신 간장종지

는데 그 세탁소 아저씨가 앞에서 절름거리며 걸어가는 것을 보고서야 왜 아저씨가 자기 걸음을 부러워했는지 측은하기도 하고 미안한 생각이 들기도 했던 지난날이 생각나는 놀라운 일이 정애에게도 거짓말처럼 일어났다.

2

은총恩寵의
시작

신입생들로 새롭고 희망찬 3월, 정애는 갑작스럽게 깊은 수렁에 빠져 어둡고 긴 터널 속에서 허우적대고 있었다. 정애는 서울에서 대학을 졸업하고 중소도시에서 하숙을 하며 중학교 국어교사를 하면서 낮에는 학생들을 가르치고 밤에는 연극 공연 연습을 했다. 국립극장 개관 기념 〈전국 새마을 연극제〉에 나갈 공연 준비였다.

서울에서 분주하게 활동하던 그녀가 지방에 내려가서 교사를 하는 동안에 무료함도 달래고 좋아하는 취미생활도 할 겸해서 시작한 연극을 석 달 동안 연습한 결과, 정애 소속팀이 충청북도 道 대회에서 금상을 받게 되어 서울 중앙무대인 장충동 국립극장 무대에 서게 되었다. 거기에서 정애는 생각지도 못한 여자 연기상을 수상하고 문공부 장관상을 받았다. 그때는 분명히 자신을 위해서 세상이 존재한 것처럼 행운의 주인공이었다. 석 달 동안 저녁 늦게까지 연습을 하고, 다음날 오후까지 정상 수업을 해도 피곤함을 모를 만큼 에너지가 넘치고 힘이 드는 줄도 몰랐다.

대학에서 쏘튼 와일드 원작인 〈아워타운〉 연극을 1년 동안 공연 연습을 했는데 유신정권으로 인해 계엄령이 선포되고, 휴교령이 떨어져서 안타깝게도 막을 올리지 못한 작품이 있었다. 정애는 그 후에 연극을 올리지 못한 아쉬움이 남았던 터라 가벼운 마음으로 연극에 참여했는데 의외의 수상을 하게 되어 말할 수 없는 기쁨을 갖게 되었다. 상을 받고나자 갑자기 유명인이 되어 지방 어르신들에게 인사하러 다니기 바빴는데 어느 때는 여성들이 감히 출입할 수 없는 근사한 요정에서 대접을 받기도 했다.

그곳은 20대의 순수한 여교사가 경험하기에는 놀라운 곳이었다. 요정은 시내 중심에 있었는데 내밀한 대화를 나눌 법한 은은한 불빛이 잘 지어진 한옥을 보듬듯이 감싸고 있었다. 마당에 들어서니 물도 없는 작은 연못에 낙엽이 이리저리 흩어져서 어설프게 중앙에 자리를 차지하고 있고, 좁은 복도를 따라 격자문이 미로처럼 줄지어진 밀실이 있었다. 일행의 안내를 받아 깊숙이 들어간 방에는 언제 차려 놓았는지 한정식 요리가 큰상을 가득 메우고 있었고, 형형색색 예쁜 꽃처럼 한복을 곱게 차려 입은 아가씨들이 조신하게 드문드문 앉아 있었다.

식사를 마치자 주위는 어느덧 여흥 분위기로 바뀌어 사과에 성냥불을 붙여서 돌아가며 노래를 부르다가 아가씨들 손에서 손으로 넘어온 사과의 불빛이 꺼지면, 입고 있는 한복을 저고리부터 하나씩 벗는 놀이를 했다. 어느 아가씨가 든 사과에 꽂힌 성냥불이 꺼지자 아가씨가 저고리를 벗으니 하얀 속적삼이 보였다. 정애는 같은 여자 앞에서 노리갯감이 된 아가씨들이 느낄 모멸감과 수치스러운 모습에 동석할 수가 없어 그만 자리에서 조용히 일어나 밖으로 나와 자동차에 앉았다. 이미 시간이 많이 지난 캄캄한 밤하늘엔 초승달이 높게 떠 오른 늦은 저녁 시간이었다. 어떻게 알았는지 道 예총회장이 밖으로 나오셨다.

"아, 이 선생을 위한 자리인데 이렇게 나와 있으면 어떡해요? 거기 있는 사람들이 뭐가 됩니까?"
"마음이 불편해서 못 앉아 있겠어요. 제 여동생 또래 아가씨들 같은데 그들이 얼마나 민망하겠어요?"
"이 선생이 학생들만 가르쳐서 사회를 잘 모르나 본데… 남자들 사회는 다 이러니 이해하고 들어갑시다."

정애는 상식적으로 이해도 안 되고 또 그들이 자신과 비교해서 느낄 감정을 생각하니 도저히 들어갈 용기가 나지 않아 오기를 부리고 차 안에 그대로 앉아 있는데 갑자기 우울하고 슬픈 생각이 들었다. 그 아가씨들 중에 한 명이라도 좋아서 그 자리에 나와 앉아 있을 것 같진 않고 모두 생계형이라 생각하니 가엾고 안타까운 마음에 연민이 일었다.

다음날은 ○○시 시민의 날이었는데 市를 빛냈다 하여 공설운

동장에서 공로상을 받았다. 그런데 호사다마일까? 그렇게 지난 연말에 상을 받고 새 학년 새 학기가 시작되어 첫 번째 일요일 오전에 정애가 새로 담임을 맡은 반, 반장의 부모님이 집으로 초대를 했는데 스물여섯 살 젊은 여성이 학생 집에까지 가서 초로의 부모님을 만난다는 것이 어렵고 조심스러워 사양을 하고, 오히려 임원들을 하숙집으로 초대했다. 정애는 일요일 아침부터 시장에 가서 학생들이 좋아하는 간식을 사갖고 오는데 3월 초라서 그런지 입고 나간 가디건 스웨터 속으로 찬바람이 들어와 몸이 으스스했다.

"선생님! 침이 흘러요!"

다과를 먹다가 반장의 갑작스런 말에 머리가 피~잉 돌면서 어지러웠다. 구안와사가 온 것이다. 남학생들 앞에서 추한 모습을 보였다는 것이 창피했지만 하숙집 아주머니의 부축을 받아 한의원에 가서 침을 맞고 나오는데 다리에 힘을 잃고 그만 주저앉고 말았다. 곧바로 신경외과 병원으로 옮겼지만 혼수상태였다. 연극 관계로 알고 지낸 원장 선생님이었는데도 축 늘어져서 업혀 들어간 그녀를 알아보지 못하고 자살하려고 약 먹고 들어온 아가씨로 착각할 만큼 정애 상태는 심각했다. 하루 꼬박 산소호흡을 해서 의식은 돌아 왔지만 머리가 깨질 듯이 아프고 정신을 차릴 수가 없었다.
    그렇게 며칠이 지났을까 화장실에 가려고 일어나려는데 가족들이 말렸다. 정애는 왜 일어나면 안 되는지 몰라 주변의 만류를 뿌리치고 상체를 일으켜 보았으나 어지러워서 일어날 수도 없고 왼쪽 다리에 힘이 주어지지 않아 다시 침대에 눕고 말았다. 그리고 그 밤에 엄마로부터 뇌혈전으로 인해 좌측 수족이 마비가 되었다는 청천벽력 같은 말을 들었다. 하늘이 무너지는 것 같은 막막함 속에서도 서울에 있는 그가 생각이 났다.

  그 후 정애는 여학교 시절, 감상에 젖어서 막연히 그리워하던 하얀 벽속의 병실에 갇혀서 영화의 주인공처럼 꽃다운 스물여섯 해의 새 봄을 눈물로 보내야만 했다. 그 나이까지 감기 한 번 걸리지 않았던 건강체였고, 중·고등 여학교 시절에는 발레리나를 꿈꾸며 온몸으로 아름다움을 표현하는 발레를 새처럼 자유롭게 날개짓하며 뽐내던 건강했던 몸이 그렇게 빛을 잃어가고 있었다.

  창밖에서는 새 봄에 새 학기를 알리는 희망찬 술렁거림이 병원 담을 타고 흥겹게 들려왔다.

  청춘은 봄~이요 봄은 꿈나라
  언제나 즐거운 노래를 부릅시다
  진달래가 싱글벙글 윙크하는 봄봄
  가슴은 두근두근 춤을 추는 봄봄
  청춘은 봄이요 봄은 꿈나라

  경쾌한 봄의 노래 소리가 병실에 까지 크게 들려오는데 반듯하

토기장이가 빚으신 간장종지

게 누워 있는 정애는 자신의 처지가 서글프고 처량해서 봄이 청춘이라는 말에 부화가 치밀다가, 눈물이 났다가 마음을 진정시킬 수가 없어 미칠 지경이었다. 꽃이 활짝 피지도 못하고 오그라드는 자신이 가엾고 어찌할 수 없는 절망감과 무력감에 괴로움만 더했다. 천정을 보고 누웠다가 돌아 누우면 왼쪽 팔은 따라 오지도 않고 그대로 어깨에 붙어 있어서 다시 누우면 그 팔은 그대로 윗몸에 깔렸다. 등에 깔린 왼팔은 감각이 없으니 아픈 줄도 모른다. 일어나서 걸을 수가 없으니 신변처리는 두 언니의 딸들이 사용하던 천 기저귀를 갖다 주어 사용했다.

그때 1976년도에는 세탁기나 고무장갑도 없고, 온수도 나오지 않아 세탁물을 빨아서 옥상에 널고 병실에 들어온 엄마의 손은 언제나 빨갰다. 처음에는 구안와사로 입만 돌아간 줄 알았는데 마비는 점차적으로 어깨에서 내려와 왼손 손가락까지 움직여지지 않았다. 며칠 전까지만 해도 잘 걷고 학생들을 가르치던 건강하고 당당한 정애였건만 하루아침에 이 무슨 날벼락이란 말인가! 괴롭고 슬퍼서 하염없이 눈물만 흘렸다. 하지만 곁에서 말없이 간병하는 엄마를 생각하면 맘 놓고 울 수조차 없었다.

그녀는 따라오지 않은 왼팔을 뒤로 하고 오른손을 벽에 대고 동그라미를 반복해서 수십 번을 그렸다. 그 당시 전화는 거의 다이얼이었다. 정애는 어딘가를 향해서 자신의 불행을 알리는 전화 다이얼을 돌리고 있었다.

군대를 막 제대하고 잠시 병실에 와 있는 오빠가 눈치를 챘는지 연락을 해서 서울에 있는 그가 빙긋이 웃으며 병실로 들어왔다.

"이 선생, 너무 과로했나 봐."

"……"

"급하게 맘먹지 말고 우선 마음의 안정을 갖도록 해."

서울에서 환자들을 보고 있을 그가 갑자기 나타나서 정애는 놀랐지만 어찌할 수 없어 누운 채로 입술이 삐뚤어진 줄도 모르고 실없이 웃었다. 가족들은 정애가 실망할까봐 아무도 입이 돌아간 사실을 알려주지 않았다. 그동안 놀라고 속상해 울다 지쳐서 잠이 들곤했던 터라 거울을 들여다 볼 처지도 아니었다. 그 사실을 서울의 그가 다녀간 뒤에야 비로소 알게 된 정애는 통곡을 했다. 빼어난 얼굴은 아니지만 나름대로 자신의 외모에 대해서 자기애적인 우월감을 갖고 있었고, 앞으로 하고 싶은 일도 많고 깃털같이 살아갈 날도 많은데 입이 돌아가다니… 한창 활동해야 할 젊은 나이에 너무나 절망적이었다.

정애는 바로 일주일 전에 겨울방학 끝자락에 그를 만나서 의과대학교 졸업을 축하해 주고, 학교에 내려와서 학생들을 가르치다 일주일 만에 병을 얻고 말았으니 서로 놀란 나머지 두 사람은 어떠한 얘기도 할 수가 없었다. 주말을 이용해서 잠깐 정애를 보고 다녀간 그는 무슨 생각을 하며 서울로 올라갔을까! 그날은 그도 정애도 착잡한 마음이었다. 그날 밤 정애는 그와 헤어져야 하는 불안한 예감으로 잠을 이루지 못하고 온밤을 하얗게 새웠다.

토기장이가 빚으신 간장종지

만남과
헤어짐

정애는 대학 1차 시험에서 무용과를 지원했는데 실패해서 그의 인생에서 처음 쓴 맛을 보았다. 곧바로 다니던 여고와 같은 재단인 사범대학에 2차 시험을 응모해 국어교육과를 졸업했다. 처음 발령받은 곳이 전남에 있는 공립 중학교였는데 교제하던 그가 서울에 있는 대학병원에서 인턴을 하고 있었기 때문에 서울에 올라가려면 시간이 많이 소비될 것 같아 서울에서 조금이라도 가까운 충청도 사립학교를 선택한 것이 이런 변을 당하게 한 것이 아닌가 하고 후회가 되었다. 그는 대학생활을 거의 함께 했다고 할 만큼 대학 2학년에 만나서 졸업 후까지도 계속 만나고 있었다.

대학 2학년, 아지랑이가 어지럽게 춤추던 봄날, 같은 과 선배 언니로부터 고향 후배의 대학 축제 파트너로 소개를 받아서 만났다. 이목구비가 반듯하고 준수한 외모 외에도 장래가 보장되는 의학도여서 더욱 마음이 끌렸다. 첫인상이 지방 고등학교에서 열심히 공부한 수재요 모범생임을 금세 알아차릴 만큼 총기가 있어 보였다. 그러나 공부만 한 탓에 고지식하고 유머가 없는 학생이었다.

그래도 정애가 국문학을 전공하고 있었기에 희곡론 시간마다 교수님이 준 연극 티켓 할인권으로(국문과 모든 학생에게 주심-문화진흥 차원에서) 매 주일 연극 한 편을 감상하고 매번 감상문을 써서 제출해야 했기에 그들은 문화생활도 즐기고, 마로니에 거리에서 자주 데이트를 즐기곤 했다. 그는 정애를 처음 만나서 큰 大 자를 쓰면서 세 번째 획을 그을 때에 힘이 되는 여성이었으면 좋겠다고 하고, 마지막 획을 얼마만큼 내리고 어디서 끊을지를 말해 줄 여성이었으면 좋겠다고 했다. 자신의 일을 스스로도 잘 할 수 있지만 거기에 조금 더 멋을 내어 여유를 부리며 살고 싶다는 얘기로 들렸다.

20대 초반 풋풋한 청춘남녀가 함께 사이클을 타고 속리산 밑의 문장대 앞 넓은 도로를 힘차게 달리던 일, 주말이면 개봉박두한 외화를 즐겨 보던 일, 국화가 만발한 10월에는 경복궁의 풍성한 국화 전시회를 즐기며 국화 향기 속에서 대화를 나누던 일, 흰 눈이 내리면 덕수궁 돌담길을 손을 잡고 걸으면서 남의 눈에 띄는 것이 부끄러워 수줍게 그의 코트 속주머니에 손을 넣고 돌던 일 등 좋은 일에 항상 같이 했던 지난 일들이 생각나서 울고 또 울며 눈물의 나날을 보냈다. 정애는 부은 자신의 얼굴을 보면서 이제 그의 꿈도 사랑도 떠났다는 상실감과 자기연민으로 슬픔을 이기지 못하고 괴로워했다.

건강한 정신과 부자유한 신체와의 갈등에서 온 아픔은 앞으로 정애가 짊어지고 가야 할 숙명이며 십자가라고 생각했다. 한창 꿈에 부풀어 미래를 준비해야 할 정애는 젊은 날에 결혼을 약속했던 연인을 보내야 한다는 것과 젊음의 특권인 이성을 사랑하며 미래를 꿈꾸는 일마저 접어야 하는 현실 앞에서 앞날이 캄캄했다. 앞으로 누구도 사랑할 수 없고 사랑받을 수 없다는 절망감에 잠자리에 누우면 내일의 태양이 떠오르지 않기를 얼마나 마음속으로 고대하며 잠이 들었는지… . 태양이 떠오르는 것이 두려울 만큼 새날은 정애에게 고통이었다. 온전한 정신과 생각을 가지고, 특히 활동적이고 매사에 의욕적이고 진취적인 그녀로서는 자유롭게 몸을 움직일 수 없는 것은 죽음과도 같이 처절했다.

정애는 2남 6녀 중 셋째 딸로 태어나 살면서 형제간에 보이지 않은 선의의 경쟁의식이 있었다. 장남 장녀는 서열에 따라서 가족들 사랑과 관심이 있는 것 같은데 그녀는 큰아들 큰딸도 아니고 공부를 특출하게 잘한 것도 아니었다. 서열로 보면 딱 가운데 끼어서 가족 구성원으로서 있는지 없는지 존재감이 없었다. 그래서인지 가정 밖으로 나가면 인정받고 싶은 욕구가 강했다. 그 정도 하면 되었건만 등수에 들지 못한 것이 마음에 들지 않았고, 외모 역시 그만하면 족한데 항상 정애 눈높이에 2% 부족했다. 그녀의 모든 조건을 헤아려 보면 현실을 수용하면서도 더 높은 이상을 찾고 있었기 때문에 정애의 삶은 항상 복에 겨운 욕심으로 피곤했다.

그녀는 어려서부터 주관이 뚜렷하고 사리가 분명해서 반듯한 성품의 강한 모습도 있었지만 이성으로부터 사랑받고 사랑하고 싶어 하는 연약하고 섬세한 여성으로서의 양면성도 가지고 있었다. 정애는 자신이 강한 인격의 소유자인 줄 알았다. 그러나 대학 다닐 때에 안톤 체홉의 〈귀여운 여인〉 단편소설을 읽으면서 누군가를 사랑하고 사랑받고 사는 주인공 올렌까의 삶 속에서 자신의 여성스런 모습을 발견하고 놀란 적이 있다.

⁂

처음으로 자신의 문제를 해결해 줄 절대자를 생각했다. 미션스쿨을 다녔기 때문에 채플시간에 교목으로부터 막연하게 들었던 전지전능한 하나님을 찾았다. 사람이 할 수 없는 일을 전능자는 할 수 있으리라는 믿음이 왔다. 절대자는 이 넓은 우주의 삼라만상을 창조하고 인간의 생사화복을 주관하고 섭리하는 분이기 때문에 자신을 일으켜 줄 유일한 분이라고 생각했다. 정신이 희미한 가운데 꿈을 꾸었다. 산길을 걷고 있는데 늑대 같은 사나운 짐승들이 몰려오더니 언덕 위에서 자신을 덮치는 악몽이었다. 그리고

토기장이가 빚으신 간장종지

어렸을 때 영화에서 보았던 삼국시대 사극에서 나옴직한 음침한 지하 굴속에서 감옥 안을 환하게 밝히고 있는 타오르는 붉은 불빛들이 춤을 추듯 흔들거렸다. 꿈속에서 얼마나 무서웠는지 잠에서 깨어나면 온몸이 후줄근하게 땀범벅이었다.

꽃

처음 발병했던 지방의 신경외과에서 치료받다가 차도가 없자 서울로 올라왔다. 종로 5가에 있는 죽은 사람도 침 하나로 살렸다는 용하다는 한의원에서 가까운 여관에 엄마와 둘이서 묵으면서 오전 해가 뜰 때에 조침을 맞고, 오후에는 방에 줄을 매달아 놓고 물리치료를 했다. 한의사와 연대가 맞았는지 한 달 보름 만에 일어나서 겨우 벽을 붙잡고 걸을 수 있게 되자 동생들이 살고 있는 집으로 옮겨서 물리치료 시설이 좋은 대학병원으로 치료를 받으러 다녔다. 교제를 하던 그를 잊으려고 집을 옮기고 연락도 하지 않았다.

그런데 새 집으로 이사를 와서 두 달쯤 되었을까. 병원에 다녀오느라고 택시에서 내리는데 그의 대학 친구와 골목 입구에서 맞닥뜨렸다. 서울 넓은 곳에서 하필 그의 친구와 같은 골목에서 살다니 참 우연치고는 반갑지 않은 우연이었다.

"아! 정애 씨죠?"

그는 반갑게 웃으며 아는 척을 했지만 정애는 놀라서 한 발짝도 뗄 수가 없었다.

"친구한테 얘기 들었는데 많이 걱정되겠어요. 맘 편히 갖고 물리치료 열심히 하면 곧 좋아질 겁니다."

다음날 오후에 바로 그가 찾아왔다. 그가 집에 오면 정애는 갈 때까지 부동자세로 움직이지 않고 얘기하다가 가게하곤 했다. 정애는 그에게 생기발랄하게 예쁘고 건강했던 모습만 기억하게 하고 싶었다. 누워 있을 때 그가 오면 갈 때까지 누워 있었고, 앉아 있을 때 오면 갈 때까지 움직이지 않고 앉아 있었다. 서 있을 때 오면 바로 그 자리에 주저 앉아버리곤 했다. 그렇게 만난 두 사람이 무슨 의미 있는 대화를 나눌 수 있었을까! 정말 답답한 자리였다. 그가 찾아오면 반가우면서도 자신의 초라한 모습을 보여주기 싫어서 오지 않았으면 했고, 오지 않으면 야속하고 섭섭했다. 그러나 정애는 그의 행복을 위해 좋은 배우자 만나서 결혼하라고 종용했다.

"엄마가 결혼 말씀 안 하세요?"
"……"
"난 괜찮으니까 좋은 자리 나서면 결혼해요."
"……"
"내가 언제 일어나 잘 걸을 수 있을지 모르는데… 거기는 장남이라 결혼이 급하잖아요. 엄마가 외롭게 혼자 계시는데…."

　"……"

　그는 듣는 지 안 듣는 지 말이 없었다. 표현하지는 않지만 정애
보다 더 괴로운 건 그였을 것이다. 산부인과 병원을 하던 그의 아
버지가 작년에 뇌출혈로 세상을 떠나서 엄마 혼자 있기 때문에 장
남인 그의 결혼이 급한 건 사실이다. 그 후에도 그는 정애 집에 몇
번인지 더 다녀간 뒤에 결혼한다는 전화를 주고 발걸음을 끊었다.
정애는 담담히 그 얘기를 듣고 잘했다는 생각에 미련 없이 축복을
빌어 주었다.

하나님의
구원 계획

정애는 병이 발병하자 자신의 운명을 겸허하게 받아 들였다. 그동안 활동을 많이 했기 때문에 좀 쉬라는 알 수 없는 신의 싸인으로 알았다. 대학생활을 하면서부터 시작한 교내 방송 아나운서와 교외활동. 대한적십자사 대학생 청년봉사대에서 활동하면서 타인과의 관계 맺는 법을 익히고, 학교라는 테두리를 벗어나서 난생처음 조직사회를 경험했다. 와우아파트 참사 때는 밤을 새워가며 인명 구조 작업을 하는 향토예비군들에게 라면을 끓여주며 밤참을 준비해 주고, 대연각 호텔 화재 때에는 소방서 아저씨들에게 식수 봉사를 했던 일, 봄이 오면 창경원 벚꽃놀이를 하러 올라온 상춘객들이 잃어버린 어린이들을 찾아 주는 미아봉사, 중고등학교 JRC 현 RCY 학생들에게 응급처치법 first aid 을 가르치며 아르바이트 하러 다니던 일 등 방학이면 농촌봉사활동까지. 그렇게 대학 4년

토기장이가 빚으신 간장종지

동안 봉사한 시간이 500시간이 넘어 대한적십자사로부터 시민회관(현 세종문화회관)에서 표창장을 받기도 했다.

정애는 기독교인도 아니고 희생정신이 투철한 것도 아니지만 자신의 손길이 필요로 한 곳에서 일할 때면 기뻤고 존재감을 느꼈다. 살아있다는 것이 즐거웠고 사람답게 사는 것이 행복했다. 그녀가 그렇게 봉사의 삶을 사는 데에는 이유가 있다. 중학교 때 활동한 걸스카우트의 "一日一善" 슬로건 때문이다. 하루에 한 가지씩 착한 일을 하려고 노력하며 살다 보니 남을 돕는 일이 이미 습관이 되었다.

그리고 졸업 후에는 교직과 취미활동을 하느라고 쉬지 못한 피곤함이 한꺼번에 몰려온 탓이라고 생각했다. 한 일주일쯤 누워 있으면 좋아지겠지 하는 관용을 부리며 일주일을 견뎌 보았으나 아무런 차도도 없이 무심한 세월은 그냥 지나갔다. 15일쯤이면… 한 달이 지나면… 6개월쯤… 아니 1년… 하던 기다림은 무심하게도 봄 여름 가을 겨울이 마흔 번을 넘어 강산이 네 번 변했는데도 여전히 정애는 지체장애 2급의 반신불수 병든 몸이다. 정말 소중한 것은 잃고 나 봐야 귀한 줄 알듯이 건강의 소중함을 날마다 체험하며 암울하고 답답한 삶이 계속되었다.

고향집에서는 무당을 불러서 굿을 하고 조부모님 묘 자리가 나빠 손녀딸이 병이 났다고 해서 이장을 했다. 지방에서 교사를 하고 있는 큰언니는 이름이 나빠서 그렇게 되었다고 성명철학원에서 이름 3개를 지어서 서울로 보냈다. 세 이름 중 가장 마음에 드는 이름 하나를 골라서 부르고, 매일 사용하는 숟가락에 바꾼 이름을 새겨서 먹으면 사람이 불러준 거와 같은 효과가 있어 몸이 좋아진다고 했다. 온 식구가 총동원이 되어 회복될 수 있는 여러 가지 방도를 알려 주었다. 상식적으로 믿어지지 않고 황당했지만 낫고 싶은 마음은 분별력마저 잃어 막 잡은 오리 생피를 먹고, 북어 삶은 물로 부은 얼굴을 씻기도 했다.

그런 와중에도 명의를 찾아 서울 장안을 뒤져가며 침과 뜸, 한약을 먹으며 치료하러 다녔다. 오직 낫겠다는 일념으로 찾아간 한의원마다 언제 왜 그렇게 되었는지 똑같은 문진을 했다. 발병 당시를 생각하고 싶지 않은데 치료받기 위해서는 그 당시를 기억하지 않을 수 없었다. 답변을 하다 보면 그때 당시가 생각나 신경이 날카롭게 곤두서고 소름이 돋아서 온몸이 떨렸다. 그때는 처음 가는 한의원마다 녹음기를 틀어주고 싶을 만큼 발병 당시를 기억하고 싶지 않았다. 절룩이며 잘 걷지도 못하는데 입만 살아서 말만 잘하는 병든 모습으로 건강한 의원님 앞에서 대답하기란 정말 싫었다.

"아가씨, 예쁜 손을 이렇게 뜸을 많이 떠서 어떻게 하나?"
"낫게만 해 주세요, 악세서리로 볼 거예요."

한의사는 왼손 마디마디에 쑥뜸을 뜨면서 미안해했지만 정애는 아픔을 참으면서도 신경이 살아나기를 바라는 마음으로 능청스럽게 대꾸했다. 한방으로 1년 동안 치료해 보았으나 차도가 없자 결국 위험하다는 뇌수술을 받기로 했다. 병명은 선천성 뇌혈관 기형으로 인한 뇌혈전이었다.

수술하는 날 아침 6시가 되자 젊은 남자 이발사가 병실로 들어와 정애의 긴 머리를 가위로 자르고 면도칼로 밀었다. 조금 전까지만 해도 정애의 분신이었던 검은 머리카락이 소리 없이 침대 위에 깔아놓은 신문지 위로 떨어졌다. 기분이 울적해지고 눈물이 나려고 했다. 같은 병실에 있는 환우들이 이른 아침부터 일어나서 측은한 마음으로 정애를 바라보고 있었다.

"아저씨, 제 머리 두상이 예쁘게 생기지 않았어요?"

병실 분위기가 무겁게 가라앉아 있자 정애는 우스갯소리를 하며 멋쩍게 웃었다.

"아가씨가 말해서 하는 말이 아니라 정말 두상이 잘 생겼네요."

그녀는 이발사의 "두상이 잘 생겼네요."라는 말을 들으니 잘 생긴 외삼촌이 생각났다. 정애에게 외삼촌이 다섯 분이 있는데 그는 잘 생긴 넷째 외삼촌을 좋아했다. 여고 때는 군복 입고 찍은 외삼촌 상반신 사진을 수첩 표지 갈피에 넣고 다니면서 친구들에게 자랑했었다. 본래 정애 외모가 외탁인줄은 알았지만 머리를 밀고 보니 그 외삼촌 두상과 비슷했다. 병실 환우들이 모두 웃으며 말했다.

"예쁜 사람은 머리를 죄다 밀어도 예쁘네."

정애는 위로의 말인 줄 알면서도 기분은 나쁘지 않았다. 젊은 아가씨가 뇌수술을 하려고 머리카락을 자르고 미는 모습을 보면서 측은한 생각에 아무 말도 못하고 있던 환우들이 한마디씩 하면서 웃자 갑자기 병실 분위기가 환하게 밝아졌다.

창 너머로 막 떠오르는 아침 햇살도 밝게 빛나고 있었다. 이발사는 가져온 이발도구를 챙겨서 돌아가고 정애는 전화번호를 찾아서 친구에게 전화를 했다.

"명주니? 아침 일찍 전화해서 미안해, 나 오늘 뇌수술 받으려고 병원에 왔어."

오랜만에 전화를 받은 명주는 자다가 막 일어났는지 무슨 말인지 잘 알아듣지 못했다. 그도 그럴 것이 건강했던 친구가 하는 말이 병원은 뭐고 뇌수술은 무슨 뚱딴지같은 소리인지 얼른 알아듣지 못했던 것이다.

"으…음 4.19 의거 때는 민주화를 위해서 학생들이 피를 흘렸지만 나는 오늘 뇌수술하면서 피를 흘릴 거라고."

정애가 수술받는 날이 4월 19일이었던 것이다. 왜 거기서 4.19 의거가 생각나서 그런 헛소리를 했는지 알 수 없지만 자신이 수술받

토기장이가 빚으신 간장종지

는다는 사실을 가족 외에 누군가에게 알리고 싶었다. 그때만 해도 뇌수술은 의료사고가 많아서 더 상태가 나빠질 수 있었다.

　신경외과 수술실 문 앞에 다다르니 정애와 같이 수술을 받으려고 미리 와서 기다리고 있는 남자가 옆 수술실 문 앞에서 환자 운반용 카트를 타고 대기하고 있었다. 정애는 착잡한 마음으로 기도했다.

"하나님!
수술이 잘못 되어 지금보다 상태가 더 나빠진다면 차라리 저를 데려가 주세요. 이 땅에서 쓸모없이 사는 것 보다 수술받다가 죽고 싶어요! 하지만 옆방 수술실에서 수술을 받을 저 환자는 무슨 병으로 수술을 받는지 모르지만 살려주십시오!"

　교회에 나가지는 않지만 정애는 생면부지의 남자를 위해서 기도했다. 그는 누군가의 아버지로서 한 가정의 가장일 수도 있고, 한 가정의 족보를 이을 남자일 수도 있다는 생각이 들었다. 그러나 자신은 결혼도 안하고 딸부자 집에 셋째 딸이니 저 하나 정도 미리 간다 해도 큰 문제는 되지 않을 것 같았다.

　아침 7시에 수술실에 들어간 정애는 오후 3시가 넘어서야 수술실에서 나왔다. 가족들은 걱정을 하고 기다리다 수술실에서 나온 정애에게 엘리베이터 안에서 큰언니가 먼저 "내가 누군지 아느냐"부터 물었다. 수술받다가 잘못되어 기억을 잊어버렸을지도 모른다는 걱정으로 물었지만 다행히 기억력은 그대로였다.

"언니가 입고 있는 잠바 색이 수술한 의사 선생님 가운 색과
같았어."

중환자실로 옮겨졌다. 열이 올랐는지 간호사에게 춥다고 하자
얼음주머니를 가슴팍에 올려놓았다. 너무 추워 온몸이 떨렸는데
침대 바퀴가 흔들리는 것 같았다. 하룻밤이 지나고 회진 시간이
되자 의사 선생님이 오셨다.

"선생님, 저 수술 잘 됐나요?"
"여기 수술한 환자 중에 음식 먹는 사람은 아가씨뿐이요."

정애는 수술하고 하루 만에 야쿠르트를 먹었다. 수술은 부작용
없이 잘 되었지만 마비가 풀렸거나 신경이 살아나지는 않았다. 기
대가 큰 만큼 실망도 컸다. 머리를 삭발했기 때문에 아줌마처럼 파
마 가발을 쓰고 병원에 통근치료를 받으러 다니는데 여간 불편하
지 않았다. 수술 후에 곧바로 여름이 온 듯 날씨가 무척 더웠다.
5월의 탐스런 빨간 장미가 병원 담장 너머로 예쁘게 흘러내리
며 피어 있었다. 가발을 쓰고 다니려니 머리는 가렵고 더 땀이 났
다. 하루에도 몇 번씩 정신과 육체의 부조화에서 오는 좌절과 낙
심으로 정애는 점점 생기를 잃어 갔고, 그의 영혼은 낙심으로 더욱
피폐해져 갔다. 현대 의학을 믿고 뇌수술까지 했지만 아무런 차도
도 없고 오히려 후유증으로 두 달에 한 번씩 심한 경기로, 간질성
발작까지 일어나 정애는 더욱 절망의 나락으로 떨어지고 있었다.

토기장이가 빚으신 간장종지

구원의
손길

긍정적이고 낙천적인 정애였지만 앞으로 보통 여자들처럼 가정을 갖고 자녀를 낳아 기르며 사는 평범한 꿈을 꿀 수도 없는 미래에 펼쳐질 삶에 대한 불안감으로 삶을 끝내고 싶은 생각밖에 없었다. 꿈이 있어야 미래가 있건만 그녀의 삶은 작은 실마리도 보이지 않았다.

'아파트 높은 곳에서 떨어지면 생을 끝낼 수 있을까!'

그러나 그것조차도 남의 도움 없이 한 손으로 난간을 붙들고 오른다는 건 불가능했다. 어느 날은 집에서 팔운동을 하던 물리치료용 도르래 줄을 풀어서 목을 칭칭 감아 보았지만 두 손으로 매듭을 질 수가 없으니 그냥 맥없이 풀어져서 목에 빨갛게 핏발이 선자국만 남아 동생들을 공연히 놀라게 하고 실패로 끝낸 소동 아닌 소동이 되고 말았다. 죽을 생각을 하니 아쉬울 건 없는데 부모님 가슴에 대못을 박고 먼저 간다는 것이 가장 마음에 걸리고 눈물이 났다. 어느 날 저녁에는 매일 먹고 있는 항간질제였던 최면제 약 정량을 초과하여 한 움큼을 입에 넣고 이불을 뒤집어쓰고 소리 없이 울면서 부모님과 형제들에게 마지막 작별 인사를 하면서 잠이 들었다. 정애는 그대로 그의 삶이 끝나는 줄 알았다. 이 땅에 아무 미련이 없었다.

그러나 다음날 눈이 떠졌다. 숨을 쉬고 있었다. 시계를 보니 오후 4시였다. 집안에는 아무도 없었고 조용했다. 호흡을 하고 있어서 사는 것이지 몸을 자유롭게 움직일 수 없는 삶은 사는 것이 사는 것이 아니었다. 삶을 끝내고 싶어서 거듭 시도를 해 보았지만 자신의 삶을 쥐고 있는 주인이 따로 있는 듯 마음대로 죽을 수조차 없었다. 그래도 죽을 마음을 먹으니 자나 깨나 '어떤 방법으로 죽는 것이 가장 고통을 최소화할까!' 하는 생각뿐이었다.

"나를 고쳐준 하나님께서 너도 꼭 낫게 해 주실 거야."

어떻게 알았는지 충북 영동에서 교사를 하던 친구가 당뇨병을 앓고 있었는데 교회에서 기도하다가 하나님 은혜로 치료가 되었다고 전도를 했다. 정애는 지푸라기라도 잡고 일어나고 싶은 심정으로 친구를 따라 교회에 가서 한없이 울었다.

너 근심 걱정 말아라 주 너를 지키리
주 날개 밑에 거하라 주 너를 지키리
어려워 낙심될 때에 주 너를 지키리
위험한 일을 당할 때 주 너를 지키리
〈후렴〉
주 너를 지키리 아무 때나 어디서나
주 너를 지키리 늘~ 지켜 주시리

전지전능하신 그분께서 외롭고 불안한 자신을 지켜 주신다는 찬송이 울려 퍼지고 있었다. 눈물이 나서 찬송가를 따라 부를 수는 없었지만 정애는 구원자를 만난 듯이 그분을 붙잡고 일어나고 싶은 마음이 간절했다. 그분이 함께 해 주시면 일어날 것 같은 확신마저 들었다.

10여 년 동안 아득하게 잊고 지냈던 거룩하고 정다웠던 고향 교회가 회상되고 하나님에 대한 존재가 새롭게 부각되면서 그분께서 이런 시련을 통하여 세상 일에 만족하며 살고 있는 자신을 불러 주시고 있다는 깨달음이 왔다.

중학교 때, 친구를 따라 교회에 가서 예수님 찬양도 하고《숲속의 크리스마스》라는 성탄극도 하며, 흰 눈을 밟으며 교회 언니 오빠들을 따라 새벽 송을 돌던 생각도 났다. 그는 예능에 소질이 있어서 부활절이나 성탄절 절기가 되면 친구를 따라서 그때만 교회에 나갔기 때문에 하나님과 상관없는 사람인 줄 알고 새까맣게 잊어버리고 살았는데 주님은 계속 정애를 지켜보고 인도하고 계셨던 것이다. 사실 지난 겨울방학 때도 새마을 연극제에서 수상하고 기성 극단에 들어가고자 극단 담당자를 찾아 가서 섭외를 했다. 정애에 대한 그분의 계획은 발병을 통하여 세상의 넓은 길로 나가는 것을 막았던 것이다.

> 좁은 문으로 들어가라 멸망으로 인도하는 문은 크고 그 길이 넓어 그리로 들어가는 자가 많고 생명으로 인도하는 문은 좁고 길이 협착하여 찾는 이가 적음이니라 마태복음 7:13~14

정애가 간절히 찾고 있는 절대자는 하나님이었다. 교회에 다녀와서 처음 알게 된 하나님 존재에 대해서 더 알고 싶은 충동을 느꼈다. 그동안 살면서 삶에 대한 고민이 없을 만큼 정애의 삶은 평탄하고 굴곡이 없었다. 유교적이고 보수적인 가정에서 태어나 어려서부터 불심을 갖고 사는 할머니와 조상을 섬기며 제사를 지내는 유교의 전통 속에서 살다 보니 기독교에 대해서 관심도 흥미도 없이 살다가 서울 여학교로 올라온 것이다. 어렸을 때는 할머니를 따라 시주할 쌀을 들고 절에 가서 절밥을 먹고 할머니가 하는 대로 불상 앞에서 절도 했다. 해마다 4월 초파일이 되면 등을 사서 집안 남자들 이름을 써서 점등하는 것을 보면서 자랐다.

그날 처음 교회에서 들은 하나님 말씀은 인간은 모두 죄인이기 때문에 예수님을 믿고 죄 사함을 받아서 구원을 받아야 한다는 말씀이었다.

'내가 죄인이라고?'

'내 나이 이제 스물일곱인데 그동안 내가 무슨 죄를 그렇게 많이 지었다고!'

'나 정도 죄 짓지 않고 사는 사람이 어디 있는데.'

'그럼 그 많은 사람들이 구원받지 못하고 죄다 지옥에 간단 말이야!'

'지옥은 얼마나 넓고 커서 그들을 다 수용할까!'

여러 가지 의문들이 마음속에서 복잡하게 엉키고 있었다. 그러나 성경에는 "의인은 없나니 하나도 없으며(로마서 3:10)", "모든 사람이 죄를 범하였으매 하나님 영광에 이르지 못하더니(로마서 3:23)"라고 기록되어 있었다.

정애 자신이 아무리 의롭게 살았다 할지라도 하나님이 보시는 죄의 기준은 행동으로 나타난 죄뿐만이 아니라 마음과 생각으로 지은 것까지 모두 죄였다. 음욕을 품고 여자를 보는 자마다 마음에 이미 간음한 자라고 했으니(마태복음 5:27~28) 어느 누가 율법에서 자유로울 수 있을까! 그러고 보니 자신의 내면 속에 선한 것이라고는 아무것도 없었다. 그동안 착하고 의롭게 살았다 하지만 성경말씀에 비추어 보니 외식하는 바리새인처럼 교만과 위선과 아집 속에서 살았고, 자신만의 기준과 틀을 만들어 편견과 선입관으로 살았음이 하나님 앞에서 교만한 죄였음이 깨달아졌다.

만일 네 오른 눈이 너로 실족하게 하거든 빼어 내버리라 네 백체 중 하나가 없어지고 온 몸이 지옥에 던져지지 않는 것이 유익하며 또한 만일 네 오른손이 너로 실족하게 하거든 찍어 내버리라 네 백체 중 하나가 없어지고 온 몸이 지옥에 던져지지 않는 것이 유익하니라

마태복음 5:29~30

왼편 팔다리가 마비가 되어 자유롭지 못해도 예전처럼 그렇게 낙심이 되지 않았다. 하나님 나라는 세상의 가치관과 달라서 건강한 몸으로 죄 짓고 살다가 지옥에 가는 것보다 병이 들어 불편하지만 그 모습 그대로 죄를 떠나 살다가 구원받고, 영생을 얻는 것이 더 유익하다는 말씀에 하나님 나라의 비밀이 깨달아지고 힘이 났다. 사람이 사는 것이 이 세상만 있는 줄 알고 낙심과 좌절로 소망 없이 살았는데 성경말씀을 읽으니 영원한 영적인 세계가 따로 있어 신기하고 놀라웠다. 또 욥기서와 히브리서 말씀을 들을 때는 하나님의 사랑과 능력을 깨닫게 되어 위로와 소망이 되었다.

내 아들아 주의 징계하심을 경히 여기지 말며 그에게 꾸지람을 받을

때에 낙심하지 말라 주께서 그 사랑하는 자를 징계 하시고 그가 받아 들이시는 아들마다 채찍질하심이라 히브리서 12:5~6

무릇 징계가 당시에는 즐거워 보이지 않고 슬퍼 보이나 후에 그로 말미암아 연단 받은 자들은 의와 평강의 열매를 맺느니라 히브리서 12:11

볼지어다 하나님께 징계 받는 자에게는 복이 있나니 그런즉 너는 전능자의 징계를 업신여기지 말지니라 하나님은 아프게 하시다가 싸매시며 상하게 하시다가 그의 손으로 고치시나니 욥기 5:17~18

히브리서 말씀이 낙심된 마음에 밝은 빛을 비추었다. 현실은 암울하고 병든 몸이지만 주님의 자녀로 인정하여 징계하신 것이라 생각하니 감사하고, 지금은 힘들지만 언젠가는 주님의 때에 고쳐 주실 것을 믿고 기도하게 하시고, 결국은 의와 평강을 열매로 맺게 하신다니 소망이 되었다.

여러 종교가 진리에 대하여 말하고 있지만 뒷받침하는 근거를 찾을 수 없어 정애는 아무 종교도 믿지 못하고 살았는데 예수님은 친히 "내가 곧 길이요 진리요 생명이니 나로 말미암지 않고는 아버지께로 올 자가 없느니라(요한복음 14:6)"고 하였다. 성경말씀을 읽고 듣고 믿는 자가 어찌 주님의 인도하심을 받지 않을 수 있겠는가. 성경은 인생이 어디서 와서 어디로 가는지를 말씀으로 가르쳐 주었다. 이것은 선택의 문제가 아니라 결단의 문제였다. 인간이면 누구나 죄인이기 때문에 필연적으로 주님을 믿어 구원을 받아야 하는 당위성을 알게 되고, 병이 들어 주님 앞에 나와서 예배할 수 있게 됨이 감사했다.

하나님은 이미 정애의 삶을 간섭하시고 진리 가운데로 인도하고 있었다. 믿음의 결국은 몸이 낫기 이전에 먼저 근원적인 자신의 영혼이 죄의 문제를 해결 받고 영혼이 구원받는 것이었다. 정애는 예수 그리스도와 함께 살 수 있는 생명의 길, 영생의 길이 있음을 깨닫고 나니 병든 몸이지만 존재의 의미가 새롭게 다가와 살아야 할 이유를 찾게 되어 힘이 났다. 성경말씀을 몰랐을 때는 자신이 죄인이라는 사실이 믿어지지 않았지만 성경을 읽어보니 아담과 하와가 선악과를 따먹은 불순종으로 인하여, 모든 인류에게 임한 원죄가 있어서 예수 그리스도를 믿음으로 모든 죄가 용서되고 은혜로 구원을 받는다니 참으로 감사하지 않을 수 없었다.

너희가 그 은혜를 인하여 믿음으로 말미암아 구원을 받았나니 이것은 너희에게서 난 것이 아니요 하나님의 선물이라 행위에서 난 것이 아니니 누구든지 자랑치 못하게 함이니라 에베소서 2:8~9

정애는 하나님 없이 잘못 살아온 삶을 회개하고 예수님만 믿으면 어떠한 노력을 하지 않아도 주님의 은혜로 죄가 용서되고 구원받는다는 복음은 이성적으로 논리적으로는 믿어지지 않았지만 살고 싶은 마음에 자신의 죄를 고백하고 예수님을 영접하는 기도를 하고 기쁜 마음으로 돌아왔다. 그 후부터 정애는 주일마다 교회에 다니면서 매일같이 성경을 읽고 목마른 사슴이 시냇물을 찾듯이 갈급한 심정으로 주님께 가까이 나아갔다. "하나님께 가까이 함이 내게 복이라 내가 주 여호와를 나의 피난처로 삼아 주의 모든 행적을 전파하리이다(시편 73:28)"라는 말씀에 의지하여 주님 뜻에 순종하며 살았다.

주일 아침이면 돈암동에서 택시를 타고 강남구 학동에 있는 교회까지 다니는데 주일 낮 예배만 드리고 오자니 택시비가 아까웠다. 아침에 일찍 일어나 여동생과 함께 오전 9시 주일학교 예배부터 장년예배를 드리고 교회에서 점심을 먹고, 청년예배와 성경공부를 하고 저녁예배까지 드려 주일이면 교회에서 하루 종일 지내느라 온전한 성수주일을 했다.

너희는 여호와를 만날 만한 때에 찾으라 가까이 계실 때에 그를 부르라 이사야 55:6

나를 사랑하는 자들이 나의 사랑을 입으며 나를 간절히 찾는 자가 나를 만날 것이니라 잠언 8:17

여호와께서 이스라엘 족속에게 이와같이 말씀하시기를 너희는 나를 찾으라 그리하면 살리라 아모스 5:4

정애는 하나님 앞에 겸손히 나아가 구원의 주님을 만나 죄 사함을 받고 평안을 누리며 살고 싶은 생각뿐이었다. 교회에 나가면서부터 그녀는 교회 가는 일이 유일한 낙이 되어 주일만 기다렸고, 하나님을 만나기 위해 자나 깨나 말씀이 선포되는 곳이면 어디든지 가서 성경말씀을 듣고 은혜를 받았다. 말씀을 듣다 보니 귀가 열리고 하나님 말씀이 꿀송이처럼 달고 맛이 있어서(시편 119:103) 먹고 자는 시간외에는 거의 성경만 읽었다.

뇌수술을 하고 퇴원할 때, 의사 선생님이 신경 쓰는 일을 피하라고 했는데도 성경을 읽으면 하나님께서 특별히 지켜 주시리라는 확신이 들었다. 교회에서 성경말씀을 들을 때는 처음부터 메모를 하면서 들었기 때문에 집에 오면 목사님께 들은 말씀을 신구약 성경을 찾아가며 노트에 정리하는 일도 즐거웠다. 믿음을 갖는 데는 확실한 증거가 필요했다. 성령의 역사로 하나님의 살아계심과 능력을 직접 체험해 보고 싶었다.

70~80년대에는 교회마다 성령의 역사가 강했다. 교인들은 성령 충만 하기 위해 교회에서 드리는 예배만으로 만족하지 못하고, 기도원을 찾아다니며 갈급한 심령을 채우고자 은혜를 사모했는데 정애도 예외는 아니었다. 불편한 몸을 이끌고 삼각산 감람산에서 하는 특별집회에 참석해 기도하며 은혜를 사모했다. 아무것도 할 수 없는 자신의 처지를 생각하면 비관이 되어 하루도 살 수가 없

토기장이가 빚으신 간장종지

었다. 주일을 보내고 엿새 동안은 건강한 사람도 오르기 힘든 기도원에 올라가서 기도하고 내려와야 한 주간을 이겨낼 수 있었다. 어느 때는 기도원 마당에서 발작을 일으켜서 성도들의 구경거리가 되기도 했다. 정신을 차리고 보니 성전 안이었는데 준비 찬송을 하고 있었다.

세상에서 방황할 때 나 주님을 몰랐네
내 맘대로 고집하며 온갖 죄를 저질렀네
예수여 이 죄인도 용서 받을 수 있나요
벌레만도 못한 내가 용서 받을 수 있나요
많은 사람 찾아와서 나의 친구가 되어도
병든 몸과 상한 마음 위로받지 못했다오
예수여 ~ 이 죄인을 불쌍히 여겨 주옵소서
의지할 곳 없는 마음 위로받기 원합니다

정애는 어지러워 곧바로 일어날 수가 없어 그대로 누워 있는데 어느 여 집사님이 정애의 위에서 측은한 눈빛으로 들여다보고 있었다. 반짝이는 십자가 목걸이가 정애 얼굴로 내려오는 것을 잡으려고 오른팔을 뻗어서 휘젓다가 일어나 앉았다. 세상에 살면서 잘난 척하며 교만하게 살았던 자신이 이제 병이 들어서 은혜받으러 나온 불쌍하고 서글픈 처지를 찬양하는 것 같아 눈물을 주체하지 못하고 흐느끼며 따라 불렀다. 그날 저녁 집회 말씀은 시험이었다.

사람이 감당할 시험밖에는 너희가 당한 것이 없나니 오직 하나님은 미쁘사 너희가 감당하지 못할 시험 당함을 허락하지 않으시고 시험 당할 즈음에 또한 피할 길을 내사 너희로 능히 감당하게 하시느니라
고린도전서 10:13

정애는 자신이 갖고 있는 피할 길을 생각해 보았다. 우선 긍정적이고 합리적인 사고가 고통을 감수하는 데 힘이 되겠고, 마비된 곳이 오른쪽이 아니고 왼편이니 감사하고, 대학을 마치고 발병을 했기 때문에 자신의 정체성과 분별력이 있어서 앞으로 살아가는데 크게 어렵지는 않을 것 같아 감사했다. 은혜를 사모하여 기도원에 다닐 때에는 멋쟁이로 깔끔했던 그녀의 모습은 온데간데없이 구겨져 있어 정애 삶은 마치 피난민처럼 구차한 보따리 인생이었다.

수고하고 무거운 짐 진 자들아 다 내게로 오라 내가 너희를 쉬게 하리라
마태복음 11:28

고통스런 병 보따리를 주님 앞에 내려놓고 건강을 되찾아서 하루빨리 자유로운 몸으로 살고 싶은 마음이 간절했다. 한 주일이 지나면 보따리를 싸서 기도원에 올라가고, 내려와서 다시 보따리를 풀고 나면 다음 주에 다시 챙겨서 올라가기를 3년여 동안 계속했다. 건강했을 때는 세상 즐거움에 빠져 죄, 구원, 은혜, 칭의, 거듭남, 성령, 영생에 대하여 들어보지도 못한 생소한 신앙적인 단어들이 강단에서 목사님을 통하여 반복해서 들었다. 말씀을 들을

때마다 관심이 생기고 알고 싶어 새신자반 기신자반을 거쳐 벧엘 성경, 최선의 삶까지 성경공부를 했다.

처음 들은 단어들이지만 성경공부를 해보니 자신과 같은 죄인이 없었다. 우선 창조주 하나님을 모르고 하나님 없이 자기 마음대로 산 것이 가장 큰 죄였다. 하나님을 알기 전에는 자신이 하는 일은 모두 옳고 잘한 일인 줄 알았는데 성경말씀을 들어보니 자기 중심적으로 자신이 주인이 되어 이기적으로 산 것도 큰 잘못이었음을 깨달았다. 자신은 바르고 의롭게 살았기 때문에 그렇지 못한 사람들을 판단하고 산 것도 하나님 앞에서 얼마나 큰 교만이었는지 부끄러웠다. 여유로운 가정에서 좋은 부모님 만나 고생 모르고 살면서 남들과 다르다는 우월감으로 자고하여 육신의 정욕과 안목의 정욕과 이생의 자랑으로 사느라 모르는 것도 아는 척, 없는 것도 있는 척, 되지도 못하면서 된척하는 척병에 걸려서 자랑하고 자만하며 산 어리석음에 뜨거운 회개의 눈물이 쏟아졌다.

······ 눈이 높고 마음이 교만한 자를 내가 용납하지 아니하리로다
시편 101:5

처음 하나님 앞에 나와서 마음에 부딪친 단어는 교만이었다. 자신이 교만한지 깨닫지도 못한 채 잘난 척하며 살았다. 교만하다고 가르쳐 주는 사람도 없었는데 성경말씀을 통하여 자신의 영적 상태가 조명되어 깨닫게 되니 한없이 부끄럽고 그런 죄인을 구원해 주신 구속의 은혜가 감사했다.

교만은 패망의 선봉이요 거만은 넘어짐의 앞잡이니라 잠언 16:18

하나님이 교만한 자를 물리치시고 겸손한 자에게 은혜를 주신다 하였
느니라 야고보서 4:6

하나님은 교만한 자를 대적하시되 겸손한 자들에게는 은혜를 주시느
니라 베드로전서 5:5b

　그동안 좋은 일이라고 생각해서 선한 일을 많이 하며 열심히 살
았지만 자기만족이었고 자신의 영광을 구하는 일이었다. 하나님
나라는 돈으로도 못가고, 선행으로도 갈 수 없고, 지식으로도 못
가며, 벼슬로도 갈 수 없는 곳으로 물과 성령으로 거듭나야 가는
곳이었다(요한복음 3:5). 정애는 선한 일에 열심이 있어서 자신은 좋
은 일을 많이 했기 때문에 당연히 지옥에 가리라는 생각을 해 본
적이 없는데 예수를 믿지 않고 구원받지 못하면 아무리 선한 일
을 많이 해도 천국에 갈 수 없다는 논리가 믿어지지 않았다. 천국
에 가려고 선한 봉사를 한 것은 아니지만, 성경의 가르침은 천국
은 자기의 공로나 의로 가는 것이 아니라 예수님을 구주로 영접하
는 사람만이 믿음으로, 하나님 은혜로 가는 곳이라니 그동안 하나
님 없이 열심을 냈던 선한 봉사들이 허망했다.

이스라엘 백성에게 왜 광야 길을 허락하셨는지 신명기 말씀을 읽을 때는 자신에게 주신 하나님 말씀으로 깨달아지고 은혜가 되었다.

네 하나님 여호와께서 이 사십 년 동안에 너로 광야 길을 걷게 하신 것을 기억하라 이는 너를 낮추시며 너를 시험하사 네 마음이 어떠한지 그 명령을 지키는지 아니 지키는지 알게 하심이라 신명기 8:2

너를 낮추시며 너로 주리게 하시며 또 너로 알지 못하며 네 열조도 알지 못하던 만나를 네게 먹이신 것은 사람이 떡으로만 사는 것이 아니요 여호와의 입에서 나오는 모든 말씀으로 사는 줄을 너로 알게 하려 하심이니라 신명기 8:3

이스라엘 백성이 하나님 뜻에 불순종하므로 광야로 보내진 말씀도 자신에게 주신 하나님 말씀으로 그녀의 심령에 부딪쳤다. 병을 통하여 하나님께서 자존심 강하고 교만했던 자신을 낮추시고 시험하사 하나님의 말씀에 순종하는지 불순종하는지를 알게 하셨고, 사람이 세상의 육적인 것으로만 사는 것이 아니라 하나님 입에서 나오는 모든 말씀(마태복음 4:4)으로 사는 것임을 알게 되니 구원의 자녀로 선택되어진 사실에 대하여 감사의 눈물이 두 볼을 타고 뜨겁게 흘러 내렸다.
　능력 있는 바울 사도에게도 자고하지 않게 하시려고 육체의 가시를 주시고 그가 병 낫기를 위해서 세 번 기도했을 때, 치료해 주지 않으시고 "내 은혜가 네게 족하도다(고린도후서 12:8~9)" 하셨으니 부족한 정애는 바울 사도와 비교할 수는 없지만 그 말씀도 큰 은혜가 되었다.

병 낫기를 위해서 전심으로 기도했을 때 무지하고 연약한 정애에게도 성령이 뜨겁게 임했다. 성령 충만을 받기 위해 열심히 사모하며 매달려서 자신의 힘으로 억제할 수 없는 진동과 방언과 환상을 보고 영어 같기도 한 알 수 없는 꼬부랑글씨가 끊임없이 써 내려가 대학노트 한 권을 다 쓰기도 했다.

> 너희 중에 누가 아들이 떡을 달라 하는데 돌을 주며 생선을 달라 하는데 뱀을 줄 사람이 있겠느냐 너희가 악한 자라도 자식에게 좋은 것을 줄 줄 알거든 하물며 하늘에 계신 너희 아버지께서 구하는 자에게 좋은 것으로 주시지 않겠느냐 마태복음 7:9~11

> 젊은 사자는 궁핍하여 주릴지라도 여호와를 찾는 자는 모든 좋은 것에 부족함이 없으리로다 시편 34:10

성령의 임재를 체험하고 나니 믿어지지 않던 성경말씀이 의심 없이 믿어졌다. 삼위일체(고린도후서 13:13, 마태복음 28:19)와 동정녀 탄생(누가복음 1:26~38), 홍해를 가르시어 이스라엘 백성을 육지처럼 건너게 하시고(출애굽기 14:21~29), 죽은 나사로를 살리시고(요한복음 11장), 물고기 두 마리와 떡 다섯 덩이로 5천 명, 7천 명이 먹고도 열두

바구니가 남았다(마태복음 14:13~21, 마가복음 6:39~44, 요한복음 6:1~13, 누가복음 9:10~17)는 오병이어 말씀도 사실 이성적으로 믿어지지 않던 말씀이었는데 믿어지고, 자신의 의지와 상관없이 성령이 역사하는 것도 신비롭고 충격적이었다. 그런 가운데서 주님의 사랑과 살아계심이 믿어져서 홀로 설 수 없을 만큼 나약한 정애는 예수 그리스도 안에 있는 은혜 속에서 강하고 담대한 모습으로 조금씩 변화해 갔다.

> 이는 내 능력이 약한데서 온전하여짐이라 하신지라 그러므로 도리어 기뻐함으로 나의 여러 약한 것들에 대하여 자랑하리니 이는 그리스도의 능력이 내게 머물게 하려함이라 고린도후서 12:9

정애가 주님을 믿기 전에는 세상적인 가치관으로 살았기 때문에 그의 눈에는 육적인 세상의 커피숍과 화려한 백화점 그리고 활발하게 걸어 다니는 건강한 젊은이들만 눈에 띄었는데 주님이 하시는 일을 체험하고 난 후에는 교회와 십자가와 은혜를 사모하는 성도들만 보였다. 세상과 병든 자신만 보일 때는 절망이요 낙심이었는데 주님을 영접하고 나니 소망이요 기쁨과 평안이 왔다.

> 육신을 따르는 자는 육신의 일을, 영을 따르는 자는 영의 일을 생각하나니 육신의 생각은 사망이요 영의 생각은 생명과 평안이니라 로마서 8:5~6

나 주의 믿음 갖고 홀로 걸어도
나 주님 믿음 갖고 노래 부르네
폭풍구름 몰아치고 하늘 덮어도
나 주의 믿음 갖고 실망치 않네
주는 내 친구 진실한 친구
끝날 까지도 주를 믿으리
폭풍구름 몰아치고 하늘 덮어도
나 주의 믿음 갖고 실망치 않네

정애는 날마다 기쁨의 찬양을 부르며 흔들리지 않은 믿음으로 새로운 피조물로써의 삶을 살게 되니 기쁨이 충만했다.

그런즉 누구든지 그리스도 안에 있으면 새로운 피조물이라 이전 것은 지나갔으니 보라 새것이 되었도다 고린도후서 5:17

정애 부모님은 지방에 계시고 그는 동생들과 함께 서울에서 자취하며 살고 있는데 동생들이 모두 학교에 가고 나면 많은 시간을 성경을 읽으며 보냈지만 미래를 생각하면 장래를 예측할 수 없어 여전히 불안하고 갈등이 되었다. 그동안은 자신의 머리를 믿고 공부만 하면 세상의 행복이 보장되는 줄 알았다. 그러나 하나님의 말씀은 사람의 지식이나 지혜를 믿지 말고 주님을 의지하며 범사

토기장이가 빚으신 간장종지

에 주님을 인정할 때에 자신의 삶을 인도해 주신다는 것이다.

너는 마음을 다하여 여호와를 의뢰하고 네 명철을 의지하지 말라 너는 범사에 그를 인정하라 그리하면 네 길을 지도하시리라 잠언 3:5~6

또 성경은 지혜의 근본도 지식의 근본도 하나님이라고 했다.

여호와를 경외하는 것이 지식의 근본이거늘 미련한 자는 지혜와 훈계를 멸시하느니라 잠언 1:7

여호와를 경외함이 지혜의 근본이라 그의 계명을 지키는 자는 다 훌륭한 지각을 가진 자이니 여호와를 찬양함이 영원히 계속되리이다
시편 111:10

매사에 이유가 많고 의심이 많은 정애에게 보이지 않은 하나님이 믿음의 눈으로 보이고, 하나님 말씀이 믿어진 것은 은혜 중에 은혜였다. 성경을 읽으면 읽을수록 정애는 자신을 불러주신 하나님의 섭리와 계획이 놀랍고 감사해서 비실비실 웃음이 새어 나왔다. 주님을 알아 갈수록 더 알고 싶어서 사람들이 잘 다니지 않은 새벽을 틈타 절름거리며 새벽 기도를 다니기 시작했다.
마침 정애가 출석하는 교회에서 신년 부흥성회 집회가 있어 새벽예배를 마치고 기도하는데, 갑자기 간질 발작이 일어나기 전에 있는 전조 증세가 오른팔에 나타나는 것이 아닌가! 스멀스멀 벌레

가 기어가는 것과 같은 느낌이 왔다. 그는 성도들 앞에서 거품을 물고 눈이 휘둥그레지고 팔다리가 뒤틀리는 발작이 일어날까 봐 두려운 나머지 얼른 강대상 앞으로 나아가 말씀에 의지하여 전심으로 하나님께 부르짖으며 서원기도를 했다.

발작 증세도 증세지만 성도님들의 반응이 더 두려웠다. 한쪽을 못 쓰는 반신불수지만 그래도 성도님들이 '사회에서 공부도 많이 하고 학교 선생까지 했다'고 가엾어 하며 계단을 오르내릴 때마다 가방을 들어주며 사랑을 베풀어 주었는데 그들 앞에서 뇌전증 같은 발작을 하면, 이젠 그들의 사랑도 기대할 수 없고, 완전 뇌전증 환자로 취급해서 무시당할까 봐 더 두려웠다. 이렇게 절박한 상황에서도 정애는 사람을 의식하고 있었다.

너희가 전심으로 나를 찾으면 나를 만나리라 예레미야 29:13

구하라 그리하면 너희에게 주실 것이요 찾으라 그리하면 찾아낼 것이요 문을 두드리라 그리하면 너희에게 열릴 것이니 마태복음 7:7

너희가 내 안에 거하고 내 말이 너희 안에 거하면 무엇이든지 원하는 대로 구하라 그리하면 이루리라 요한복음 15:7

너희가 내 이름으로 무엇을 구하든지 내가 행하리니 이는 아버지로 하여금 아들로 말미암아 영광을 받으시게 하려함이라 내 이름으로 무엇이든지 내게 구하면 내가 행하리라 요한복음 14:13~14

정애는 기도의 말씀을 붙들고 간절히 기도했다.

"하나님 아버지!
지난날 주님을 모르고 산 온갖 죄악들을 용서해 주시고, 지금 이 증세가 일어나지 않도록 치료의 광선을 비추사 고쳐주소서! 하나님의 능력은 능치 못함이 없는 줄 믿사오니 저를 불쌍히 여기시고 긍휼을 베풀어 주옵소서! 믿음의 기도는 만사를 변화시키고 기적을 배푸는 줄 믿습니다. 주님의 사랑과 능력을 나타내사 기적이 나타나게 하옵소서 그러면 살아있는 동안에 평생을 주님께 헌신하며 살겠습니다."

눈물 콧물을 흘리며 탄식과 회개기도를 하는 중에 전조증세는 거짓말처럼 사라지고 발작도 일어나지 않았다. 눈물과 콧물이 범벅이 된 얼굴을 닦으면서 주님께서 고쳐 주셨다는 확신이 들었다. 그 후 발작 증세는 43년이 지난 지금까지 한 번도 일어나지 않았다. 할렐루야!

그가 사모하는 영혼에게 만족을 주시며 주린 영혼에게 좋은 것으로 채워주심이로다 시편 107:9

여호와께서는 자기에게 간구하는 모든 자 곧 진실하게 간구하는 모든 자에게 가까이 하시는도다 그는 자기를 경외하는 자들의 소원을 이루시며 또 그들의 부르짖음을 들으사 구원하시리로다 시편 145:18~19

정애는 하나님의 살아계심을 확실히 믿고 주님이 주시는 참 평안과 자유함 속에서 발병한 지 2년 만에 확실한 마음의 평안을 찾을 수 있었다. 언제 발작이 일어날지 몰라 불안해서 외출도 못하고, 교회만 다니던 정애는 이제 마음 놓고 어디든지 자유롭게 다닐 수 있게 되어 너무나 감사했다.

평안을 너희에게 끼치노니 곧 나의 평안을 너희에게 주노라 내가 너희에게 주는 것은 세상이 주는 것과 같지 아니하니라 너희는 마음에 근심하지도 말고 두려워하지도 말라 요한복음 14:27

주께서 나의 슬픔이 변하여 내게 춤이 되게 하시며 나의 베옷을 벗기고 기쁨으로 띠 띠우셨나이다 시편 30:11

그러나 현실은 그대로였다. 여전히 왼편 팔다리는 마비된 채로 불편했다. 그러나 사람이 고칠 수 없는 기적 같은 치유를 경험하고 나자 주님은 정애의 가슴에 넘치는 사랑으로 찾아왔다. 그 사랑은 자신을 사랑해서 구원하시려고 아낌없이 외아들을 십자가에 내놓으신 큰 사랑이었다.

자기 아들을 아끼지 아니 하시고 우리 모든 사람을 위하여 내주신 이가 어찌 그 아들과 함께 모든 것을 우리에게 주시지 아니하겠느냐 로마서 8:32

하나밖에 없는 외아들을 십자가에 못 박아 죽게 하시기까지 한 사랑! 그 사랑은 십자가의 위대한 사랑이었다.

여인이 어찌 그 젖 먹는 자식을 잊겠으며 자기 태에서 난 아들을 긍휼히 여기지 않겠느냐 그들은 혹시 잊을지라도 나는 너를 잊지 아니할 것이라 이사야 49:15

정애가 만난 하나님의 사랑은 조건적이고 유한한 인간의 사랑과 비교할 수 없을 만큼 크고 넓고 깊어서 연연했던 그와의 만남을 쉽게 잊을 수 있었으니 언제 그와 그런 애틋한 사랑을 나누었는지 거짓말 같이 생각이 나지 않고, 오직 주님을 향한 마음으로 말씀과 기도 속에서 성령 충만한 시간이 흘러갔다.

6

신학교
입문

정애는 하나님께 서원기도를 하고 간질 발작을 고침 받았기 때문에 하나님과 약속을 지키려면 어떻게 해야 할지 고민이 되어 새벽기도를 다니면서 주님께 물었다. 1981년도 겨울은 영하 17도까지 내려가 아주 추운 새벽이었다. 그날은 대문이 얼어서 열리지 않아 집에서 기도하다가 잠이 들었는데 옆에서 사람이 하는 말처럼 또렷한 음성이 들렸다.

"주의 일을 하라 주의 일을 하라 주의 일에 열심히 충성하라!"

'주의 일에 열심히 충성하면 내 병을 고쳐 주신다는 주님의 말씀인가!' 처음 들은 음성이어서 알 수는 없지만 어린 사무엘이 엘리 제사장 앞에서 하나님을 섬길 때에 하나님께서 세 번 사무엘을 부르셨던 말씀(사무엘상 3장)이 생각났다. 추수할 것은 많은데 추수할 일군이 적다고 하신 말씀이 거룩한 부담감으로 다가와 주님께 받은 은혜에 보답하고자 작은 일이라도 봉사하고 싶었다. 그러나 정애가 할 수 있는 주님의 일이 아무것도 없어 보였다. 하지만 교사를 했기 때문에 가르치는 은사는 있는 것 같아 성경말씀을 가르치는 초등부 교회학교 교사를 자원했다.

성경에는 작은 일에 충성하면 큰일도 한다고 했고 어느 권사님은 몸이 아픈 사람은 몸으로 봉사할 때에 건강이 회복된다고도 했다. 일반학교 교사는 교육을 받고 아는 것을 가르치기 때문에 어려움이 없는데 교회학교 교사를 해보니 성경 지식만 있다고 교사를 하는 것이 아니었다. 기도도 많이 하고 전도도 해야 하는 어려움이 있었다.

그래도 3년 동안 교사를 하면서 절기행사 때는 초등부 아이들과 마태복음 25장에 나온 열 처녀에 대한 연극 대본을 쓰고 연출지도를 해서 공연을 하고, 룻기를 각색해서 초등부 교사 연극과 누가복음 15장으로는 중등부 학생들을 가르쳐 작은 공연을 했다. 그해에는 자원봉사를 하던 모자원 연극까지 4개를 지도하여 작은 공연을 했다. 규모는 작았지만 성경말씀으로 연극을 해보니 시청각적인 효과가 있어 주님의 뜻을 전하는 데 더 실제적이고 은혜가 되었다.

하얀 벚꽃 잎이 흰 눈처럼 휘날리는 4월에 남이섬으로 교사 야유회를 가 배에 오르려는데 직원인 듯한 청년이 정애에게 빨리 타지 않는다고 핀잔을 주며 화를 냈다. 몸이 불편한 줄 모르고 화를 내며 재촉하는 그 사람 앞에서 정애는 생각했다.

'그래, 인생은 어차피 연극이잖아!

건강했을 때는 내가 아주 행복한 역할을 맡은 주인공이었지만 지금은 슬픔의 주인공이니 슬프게 울자!'

정애는 배에 오르자마자 출입구 기둥에 서서 연기를 하듯 슬프게 울었다. 동료 교사들은 상처를 받고 서러워서 우는 줄 알고 따뜻한 말로 위로했다. 인생은 연극과 같다. 하나님이 작가로서 각본, 연출, 무대감독까지 하시고 인생은 세상이란 무대에서 좋은 역할이든 나쁜 역할이든 배우로서 주어진 삶을 살다가 생을 마치는 듯하다.

정애는 신학교를 가야 할 것만 같았다. 성경을 여러 번 정독을 하고 신앙생활을 해보니 왜 하나님께서 자기 같은 죄인을 사랑하시고 구속해 주셨는지 깨닫게 되고 믿음의 확신이 왔다. 자신을 구원하시려고 독생자 외아들을 십자가에 못 박아 죽게 하신 그 위대한 사랑을 성경말씀을 통하여 깨달아 알고 보니 바른 신학을 공부해서 성경말씀을 오류 없이 각색하여 성극을 만들고, 문서선교도 하여 자신과 같이 고통 가운데서 낙심하고 방황하는 영혼들에게 하나님의 사랑과 하나님의 살아계심을 증거하고 싶었다. 그보다도 왜 자신에게 이런 엄청난 시련이 찾아와서 고통을 겪게 하시는지 확실한 주님의 뜻과 사명을 알고 싶었다.

토기장이가 빚으신 간장종지

그러나 주님을 향한 의욕은 좋지만 정말 주님이 원하시는 길인지 잘 모르겠고, 막상 신학대학원을 가려니 등록금도 문제였다. 향토장학금으로 두 여동생이 대학에 다니고 있고, 재수하는 남동생까지 있는데 정애까지 부모님께 손을 내밀기란 쉽지 않았다. 그동안 뇌수술과 치료비로 많은 비용을 썼기 때문에 부모님께 염치가 없었다. 하나님의 뜻이면 신학을 할 수 있는 길을 열어 달라고 기도할 수밖에 없어서 그해 겨울은 기도하며 보냈다.

그런데 교회에서 반가운 소식을 들었다. 정애가 가고 싶어 한 침례신학대학교에서 신학대학원 1기 입학생에게 교단에서 인재등용을 한다는 명분으로 등록금은 면제이고, 학생회비만 내면 된다는 것이다. 정애는 그렇게 쉽게 신학대학원에 입학하여 3년의 M. Div. 과정을 기숙사에서 숙식하며 공부했다. 뇌수술을 하고 3년 만에 신학교를 가서 기숙사 생활을 하는데 가자마자 6시에 새벽기도가 있었다. 그때만 해도 정애는 뇌수술 후유증으로 최면제인 약도 먹고 있었기에 회복이 되지 않은 상태라 "늦게까지 과제하고 그 시간에 못 일어나니 새벽기도 못가는 것 이해하라"고 총무에게 이르고 새벽기도에 나갈 생각을 하지 않았다. 그리고 한 학기가 지났는데 기숙사 규칙을 지키지 못한 것이 다른 학생들에게 본이 되지 않은 것 같아 '내일부터는 새벽 기도회 나가리라' 기도하고 잠이 들었다. 새벽에 자고 있는데 찬송 소리가 들렸다. 다른 날은 들리지 않던 찬송 소리에 잠을 깨 기도회에 나아가 졸업할 때까지 하루도 빠지지 않고 새벽기도를 드렸다.

이스라엘 백성이 언약궤를 메고 요단강을 건널 때에 요단강 물이 범람해서 건널 수가 없었다. 그때에 언약궤를 멘 제사장들이 요단강 물을 믿음으로 밟을 때에 위에서부터 흘러내리는 물이 그쳐 건넌 것처럼(여호수아 3장) 정애도 새벽기도에 갈 것이라고 마음을 먹고 잤더니 역사가 일어났던 체험을 하면서 믿음은 행동으로 옮길 때에 주께서 역사하신다는 귀한 교훈을 얻었다.

신학교가 도청소재지의 큰 도시에 있었지만 정애가 3년 동안 왕래하던 곳은 신학교 앞에 있는 침례교회와 백화점, 공중목욕탕 그리고 터미널 외엔 모르고 지냈다. 복습과 예습을 착실히 하며 학업에 전념할 수밖에 없었다. 뇌수술을 하고 회복되지 않은 상태로 시작한 신학공부는 만만치 않았다. 학과가 끝나면 기숙사로 돌아와서 책상 앞에 앉아있는 시간이 많았는데 기숙사에 있는 학생들은 정애를 "등만 보이는 언니"라고 불렀다.

기숙사에서 학부 여학생들과 함께 생활을 했는데 정애는 대학을 마치고 교사까지 하다가 갔기 때문에 나이가 많아 언제나 방장이었다. 룸메이트들은 열 살 정도 아래 동생들인지라 하교 후에는 동아리 활동이나 학원에 다니느라 할 일이 많았고, 특히 데이트를 하고 오느라 귀가시간이 늦었다. 마땅히 갈 곳이 없는 정애는 동생들이 올 때까지 기다리지 못하고 항상 방을 청소하고 잠자리를 해놓고 기다렸다. 기숙사 귀가시간 10시가 다 되어야 들어온 그들 손에는 항상 밤참이 들려 있었다.

"언니, 대학 다닐 때 남자친구 얘기 해 줘요."

"지난번 방에서 얘기 다 해주었는데…"

"그래도 언~니…"

학부 위주 기숙사였지만 정애가 통학이 어렵기 때문에 학교에서 배려해 주었다. 기숙사는 6개월에 한 번씩 룸메이트를 바꾸기 때문에 정애는 벌써 지난번 방에서 자신의 러브 스토리를 이미 들려주었다. 그래도 새 식구가 되어 처음 만나면 어느 학생이나 생방을 들으려고 했다. 이제 막 여고를 졸업하고 소명을 받고 온 거의 20대 초반의 여학생들이라 정애의 연애담에 관심이 많았다. 한 사람에게 얘기를 해도 그 다음날엔 여자 기숙사가 다 알 정도로 얘기는 퍼졌다.

정애가 이야기 보따리를 풀면 얘기를 듣다가 감수성이 예민한 학생 하나가 먼저 눈물을 글썽이며 듣는다. 그러면 얘기를 하는 정애도 눈시울이 붉어지고 듣는 여학생들마저 안타까운 마음으로 듣곤 했다. 일반대학에서는 과목당 전문서적을 한 달에 한 권 정도 읽고 리포트를 쓴다면 신학교는 과목마다 거의 한 주에 한 권씩 책을 읽고 리포트를 써냈으니 뇌수술을 하고 회복되지 않은 상태에서 공부하는 일이란 쉽지 않았다.

※

신학은 하나님의 부르심에 대한 확신이 없거나 하나님의 절대주권을 인정하지 못하면 공부할 수 없는 학문이다. 구약신학 시간에 예레미야서를 통해 자신을 부르시고 인도하시는 하나님의 계획과 섭리를 깨달아 알게 되어 토기장이신 창조주 하나님을 만났다.

나 여호와가 이르노라 이스라엘 족속아 이 토기장이의 하는 것 같이 내가 능히 너희에게 행하지 못하겠느냐 이스라엘 족속아 진흙이 토기장이의 손에 있음같이 너희가 내 손에 있느니라 예레미야 18:6

그러나 여호와여 이제 주는 우리 아버지시니이다 우리는 진흙이요 주는 토기장이시니 우리는 다 주의 손으로 지으신 것이니이다 이사야 64:8

예레미야는 하나님을 토기장이에 비유했다. 토기장이가 그의 뜻과 계획대로 진흙을 빚어 그릇을 만들듯이 하나님 역시 질그릇 같이 깨지기 쉽고 보잘 것 없는 연약한 인생들을 당신의 목적대로 지어가고 계심이 믿어졌다.

'내가 건강했을 때는 부잣집 식탁에 오르는 빛나고 화려한 크리스탈 그릇이 되고 싶었지만 하나님께서는 이제 시골 밥상에 오르는 보잘 것 없는 작은 간장종지로 만드셨으니 간장종지가 토기장이에게 뭐라고 항변할 것인가!'

그릇이 토기장이에게 "왜 나를 이렇게 만들었냐"고 항변해도 소용없음을 정애는 깨달았다.

이 사람아 내가 누구이기에 감히 하나님께 반문하느냐 지음을 받은

물건이 지은 자에게 어찌 나를 이같이 만들었느냐 말하겠느냐
로마서 9:20

토기장이가 진흙 한 덩이로 하나는 귀한 그릇을, 하나는 천히 쓸 그릇
을 만들 권한이 없느냐 로마서 9:21

하나님의 계획과 섭리대로 만들어지는 피조물 인생인 것을. 정
애는 일회적인 유한한 삶을 자신의 인생인 줄 알고 인정받고자 열
심히 살아온 지난날이 한없이 부끄러웠다. 인생의 주인이 자신이
아니기 때문에 모든 일이 억지로 되지 않는다는 것도 깨달았다.
　그래서 성경은 인생의 시작도 끝도 내 것이 아니라고 하지 않은
가. "사람이 마음으로 자기의 길을 계획할지라도 그의 걸음을 인
도하시는 이는 여호와시니라(잠언 16:9)"고 한 말씀이 마음에 부딪
쳐 왔고, "여호와여 내가 알거니와 인생의 길이 자기에게 있지 아
니하니 걸음을 지도함이 걷는 자에게 있지 아니하시니이다(예레미
야 10:23)"를 통해 하나님의 절대주권을 믿게 되니 하나님과의 건
강한 영적인 관계가 깨달아져 정애는 겪고 있는 고난의 의문이 사
라지고 주 안에서의 기쁨이 충만했다.

'그래, 간장종지!!! 그릇 중에서 가장 작고 보잘 것 없지만 어느
밥상이나 없으면 안 되는 요긴한 그릇, 그 간장종지로써의 삶을

충실하게 사는 것이다.' 하며 정애는 주 안에서 선한 영향력을 끼치며 하나님의 마음이 머무는 곳이라면 어디든지 필요한 사람으로 가치 있는 삶을 살리라고 다짐했다. 주님은 자신을 건강한 몸으로 부르지 않으시고 연약한 장애인으로 부르셔서 하나님 나라에 필요한 일꾼으로 사용하고 계심에 확신이 들었다. 하나님은 정애가 건강하고 힘이 있을 때가 아닌 힘없고 연약해졌을 때 부르셔서 당신의 뜻을 이루어 가고 있었다.

그 꽃
- 고은 -

내려갈 때 보았네
올라갈 때 못 본
그 꽃

정애는 처음 병이 나서 병원에 누워 있을 때, 알 수 없는 막연한 신神을 향해서 어려운 사람을 위해 선행하며 의롭게 열심히 살았는데 왜 내가 이런 고통을 당해야 하느냐고 억울해 울면서 기도했던 어리석음이 생각났다. 구약성경 욥기서를 보면 우스 땅에 욥이라는 사람이 있다. 그는 온전하고 정직하여 하나님을 경외하며 악에서 떠난 자였다. 그런데도 불구하고 사탄의 시험으로 인생에서 가장 소중한 건강과 재산과 자녀까지 모두 잃고 피부병까지 얻어 재 가운데 앉아서 질그릇 조각으로 온몸을 긁고, 아내로부터 하나

토기장이가 빚으신 간장종지

님을 저주하고 죽으라는 말까지 들으며 고난을 당한다. 그래도 욥은 "이르되 내가 모태에서 알몸으로 나왔사온즉 또한 알몸이 그리로 돌아가올지라 주신 이도 여호와시요 거두신 이도 여호와시오니 여호와의 이름이 찬송을 받으실지니이다(욥기 1:21)"라고 하면서 끝까지 하나님을 원망하지 않고, 신앙의 정조를 지켜 결국 이전 모든 소유보다 갑절의 축복을 받았다는 말씀이 있다. 정애는 아들 일곱과 딸 셋을 모두 잃고 피부병까지 얻어, 가려운 피부를 질그릇 조각으로 긁으면서까지 고난을 받으면서도 믿음으로 이겨낸 욥의 신앙을 본받고 싶었다.

> 욥이 그의 친구들을 위하여 기도할 때 여호와께서 욥의 곤경을 돌이키시고 여호와께서 욥에게 이전 모든 소유보다 갑절이나 주신지라
>
> 욥기 42:10

·ellll·

정애는 어렵게 신학공부를 따라가느라 시간이 부족한 중에도 연극반 권유를 거절하지 못하고 학부 학생들과 이근삼 교수의 《별난 도둑님》과 이문열의 《사람의 아들》을 연출해서 겨울방학 때 마산 창원 등지에서 심야극을 올렸다. 어느 날, 신학교 강당에서 연습을 하는데 함께 연습을 하던 학생이 "선배님은 몸이 불편하신데도 무대만 올라오시면 나는 것 같아요. 몸이 불편하셔도 이 정도니 아프지 않았을 때는 어땠을지 짐작이 갑니다."라고 연극 지도

에 열심인 정애의 열정에 놀라워했다.

그해 겨울 마산은 말할 수 없이 추웠다. 그들의 숙소가 마산 돝섬이 환히 내려다보이는 산꼭대기 달동네에 있었다. 심야 공연을 마치고 새벽 2~3시에 숙소에 돌아오면 연탄불이 꺼져서 방은 냉골이었다. 너무 추워서 잠이 오지 않아 외투를 그대로 껴입고 잤을 뿐만 아니라 털목도리를 반듯하게 개서 허리춤 밑에 깔고 자기도 했다. 사흘 밤을 그렇게 고생하고 얻은 수익금으로 마산 변두리에 있는 양로원을 찾아가서 칼라 TV을 기증하고 저물어 가는 세모를 외롭게 보내고 있는 어르신들과 함께 기쁨을 나누었다. 80년대 초에는 칼라 TV가 시판된 지 얼마 되지 않아 귀한 선물이었다. 가난한 신학생들이라 싱싱한 바다 회를 먹을 생각도 못하고, 장승포에서 추위에 떨면서 겨울 갈매기들에게 먹이를 주며 놀다 겨울바다만 실컷 구경하고 서울로 올라 왔다.

기숙사에서 먹는 밥이 집에서 엄마가 해준 밥만 하겠느냐고 3년 동안 매달 기숙사비와 제철에 나는 과일과 정성스럽게 만든 음식을 준비해 온 엄마의 유별난 모성애를 정애는 잊을 수가 없다.

"아픈 데는 없냐?
공부는 따라갈 만하고?
먹고 싶은 것 있으면 말해라. 다음 달에 올 때 가져 올란다."

토기장이가 빚으신 간장종지

서른 살이 넘은 딸을 잊지 못해 엄마는 기숙사에 올 때마다 똑같은 질문을 했다. 룸메이트들과 맛나게 먹은 빈 그릇을 손에 들고 불편한 딸을 잊지 못해 뒤돌아보고 또 돌아보며 신학교 교정을 빠져 나가는 엄마의 뒷모습은 애처롭다 못해 젖가슴에 잡히는 멍울 같은 아픔이었다. 정애는 자신이 발병하고 난 후에 환하게 웃는 엄마의 모습을 본적이 없다. 애처로운 얼굴로 쳐다보는 엄마의 눈에는 항상 핏발이 서 있었고, 눈가는 언제나 촉촉하게 젖어 있었다. 2남 6녀나 되는 자식을 잘 교육시켜서 이제 좋은 짝을 찾아 결혼식만 올려주면 되겠다 싶었는데 정애가 갑자기 쓰러진 바람에 맘 아파하는 엄마 앞에서 정애는 일부러 밝은 척하며 아픈 속내를 드러내지 못했다.

7

사역의
길

　예수께서 공생애로 들어가시기 전에, 성령에게 이끌리어 광야
로 가셔서 40일을 밤낮으로 금식하신 후에 마귀의 시험을 받으셨
던 성경말씀대로(마태복음 4:1~2) 정애는 겁도 없이 예수님이 기도
로 준비하신 공생애 사역을 자신도 해야 한다는 생각에, 오직 하
나님 나라의 일꾼으로 나서기 위해 마음을 새롭게 다짐하고 자신
의 사역에 주님의 인도하심이 함께 하실 것을 전적으로 맡기는 금
식 기도를 하기로 했다. 혼자는 기도원에 갈 자신이 없었는데 마
침 신학대학원 2기 남자 전도사님이 동행해 주기로 했다. 한얼산
기도원에 올라가는데 침례신학교에서 종강을 마치고, 서울로 오
후 늦게 올라왔다. 가평 차를 타고 한얼산 기도원에 올라가려는데
기도원에서 내려오는 차가 끊겼는지 기도원 차가 오지 않아 올라
갈 수가 없었다.

이미 시간은 늦은 저녁이고, 12월의 밤은 몹시 추웠다. 캄캄한 산길에서 두 사람은 발을 동동 구르며 차를 보내 달라고 강청 기도를 하는데 거짓말처럼 어두운 산길에서 불빛이 반짝거렸다. 우리의 기도를 들으신 성령께서 늦은 저녁 시간에 기도원 차를 보내 주셔서 그곳에서 3일 금식 기도를 마치고, 함께 기도한 전도사님이 알고 있는 강릉 ○○침례교회에서 7년째 권사님들이 철야기도를 하는데 은혜롭다고 해서 그곳에 가서도 3일을 금식하고 권사님들과 함께 기도하며 은혜의 시간을 보내는데 모교회에서 연락이 왔다. 그렇게 6일 금식기도를 하고 하나님의 인도하심으로 정애의 사역이 시작되었다.

그가 국어를 전공했기에 문서선교를 하게 되었는데 교회에서 하는 일은 홍보실에서 일주일에 한 번 교회의 얼굴인 주보(국관 16페이지 제본)를 만들고 한 달에 한 번 월간 선교紙(40페이지)인 〈은혜〉를 편집하는 사역을 하였다. 3년 동안 사명감을 가지고 기쁜 마음으로 잘 감당하며 보람되게 일하는데 믿음이 부족해서 일까! 주님의 뜻이었을까! 어느 날 갑자기 잘하고 있던 편집 일에 의구심이 들었다. '병원에서 퇴원할 때에 신경을 많이 쓰면 안 된다고 했는데 이렇게 편집 일을 계속하며 신경을 써도 되는 것일까!' 편집은 계속 원고를 쓰고 교정을 봐야 하기 때문에 신경이 많이 쓰였다. '하나님은 왜 그때 기도할 때, 병을 온전히 다 고쳐 주지 않으시고 좌측 편마비는 그대로 남겨 두셨을까! 자신과 같이 몸이 불편한 사람을 위하여 일하라는 뜻이 있으신 것은 아닐까!' 하는 마음에 주님의 뜻을 알고자 교회 사역을 쉬면서 기도하며 지내는데 지인으로부터 전화가 왔다.

강남구 세곡동에 있는 비닐하우스에서 장애인 20여 명이 생활하고 있는데 사역자를 구한다는 것이다. 마을버스를 두 번 갈아타고 그곳에 가보니 칙칙한 검은 비닐에 덮인 100여 평 남짓한 비닐하우스가 있었다. 고개를 숙이고 들어가야 할 야산의 낮은 비닐하우스였다. 장애인들은 정애가 누구인지도 모르고도 가까이 와 반겨 주었다. 원장 전도사님의 상세한 안내 말씀을 들었지만 정애는 익숙하지 못한 그런 허술한 환경에서 일한다는 것이 자신이 없었다. 비닐하우스 안의 땅바닥은 울퉁불퉁 검은 흙바닥으로 자연 그대로였고, 하나님께 예배하는 성전만 주거형태를 갖추고 있어 말할 수 없이 열악한 환경이었다. 어떻게 그곳에서 남녀 장애인 20여 명이 공동생활을 하고 있는지 의심스러울 만큼 정애는 솔직히 그곳에서 봉사할 마음이 나지 않아 더 기도해 보고 오겠다고 비닐하우스를 서둘러 나왔다.

3월의 봄바람은 바바리코트 옷깃을 세웠는데도 찬 기운이 온몸을 휘감았다. 정애는 집으로 돌아와서 주님의 인도하심이면 순종할 마음으로 그동안 쉬었던 새벽기도를 다시 나가기 시작했다. 새벽기도를 한지 3일째 되는 날 아침에, 기도를 마치고 건널목을 건너려고 파란 신호등을 기다리고 있는데 주님의 음성이 조용히 들렸다. 이번에는 마음속 깊은 곳에서 들리는 영음이었다.

토기장이가 빚으신 간장종지

"나는 사람들에게 대접받는 화려한 곳에서 일하는 것보다 누추한 곳이지만 남들이 하지 않은 일을 하는 것을 기뻐한다."

주님은 정애를 잘 알고 있었던 것이다. 좋지 않은 환경 때문에 결정하지 못하고 기도해 보겠다는 궁색한 변명을 남기고 쫓기듯 빠져 나온 위선이 부끄러웠다.

부름받아 나선 이몸 어디든지 가오리다
아골 골짝 빈들에도 복음 들고 가오리다
멸시 천대 십자가는 제가 지고 가오리다
이름 없이 빛도 없이 감사하며 섬기리라

신학교에서는 뜨거운 사명감으로 불렀던 찬양이 원치 않은 사역지라고 이렇게 정애 마음이 흔들리고 주저되고 있었던 것이다. 마을버스를 타고 가면서 정애는 생각했다

'그래, 내가 이제 마흔이 넘었지. 남들 같으면 벌써 3~4명의 자녀를 키우고 있을 거야. 이제 장애인들과 같이 새로운 인생을 시작하는 거야. 이왕지사 결혼도 안하고 자녀도 없는데 하나님도 기뻐하실 일이요 내게도 보람된 일이잖아! 평생 하나님께 헌신하겠다고 서원도 했는데….'

언젠가 기도원에서 목사님께 들은 "자신이 겪는 상처나 아픔이

사명"이라는 말씀이 떠올랐다. 이제는 자신의 약함을 자랑할 때이다. 정애는 내심 생각을 다져가며 비닐하우스를 향해 걷고 있었다. 하우스 안으로 들어가니 수요예배를 드리고 있었다. 봉사자들은 그녀의 잘 차려 입은 행색을 보고 안 오실 줄 알았는데 왔다며 반갑게 맞아 주었다. 함께 예배를 드리고 집에 오는 마을버스 안에서 정애는 또 한 번 '심훈의 『상록수』에 나오는 주인공 채영신이 생각났다. 채영신은 서울에서 대학을 졸업하고 농촌에 내려가서 야학을 하며 농촌계몽을 하여 농촌 환경을 개선한 것처럼 나는 이 친구들과 함께 지내면서 하나님 말씀을 가르치고 하나님의 목적대로 장애인의 의식을 계몽해 보는 거야!' 하고 다짐을 했다.

구약성경에서는 장애인을 죄의 결과로 보고 하나님의 형벌이나 징계로 보았지만 신약성경에서는 하나님이 하시는 일을 나타내려 한다고 하지 않았는가.

예수께서 길을 가실 때에 날 때부터 맹인 된 사람을 보신지라 제자들이 물어 이르되 랍비여 이 사람이 맹인으로 난 것이 누구의 죄로 인함이니이까 그의 부모니이까 예수께서 대답하시되 이 사람이나 그 부모의 죄로 인한 것이 아니라 그에게서 하나님이 하시는 일을 나타내고자 하심이라 요한복음 9:1~3

십자가의 용서와 사랑이 정애에게 새 생명을 주었듯이 자신도 겸손과 희생의 자리에서 저들을 섬기며 장애인은 동정과 시혜의 대상이 아니라 하나님의 형상을 갖고, 사랑받기 위해 태어난 존재임을 말씀으로 가르치자는 다짐을 하자 어디선지 모를 힘이 샘솟고 있었다.

❧

정애가 그곳에서 가장 먼저 한 일은 장애인들의 손발톱을 깎아주는 일이었다. 서울시내 교회 청년 대학부 학생들이 매주일 토요일마다 목욕을 시켜주러 와 봉사를 했다. 정애는 세면실 앞에서 기다리고 앉아 있다가 목욕을 하고 나오는 순서대로 손발톱을 깎아 주고, 주님의 마음으로 작고 낮은 곳을 찾아 주신 후원자들의 신발을 수시로 정리하는 일을 했다. 출입구가 좁기 때문에 벗어놓은 신발이 항상 어지럽게 흩어져 있어 입구부터 지저분했다.

마침 교회가 강남구 시내에서 가까운 곳에 있었기 때문에 후원자들의 발걸음은 끊어지지 않았다. 정애는 처음 하는 일이지만 해야 할 일이 눈에 들어오고 재미있었다. 나 아닌 다른 사람을, 특히 도움의 손길이 필요한 연약한 장애인들을 섬기는 즐거움이 이렇게 기분 좋게 하고 살맛나게 할 줄은 몰랐다. 정애가 건강했을 때, 봉사를 많이 했다고 자부하며 살았는데 지금은 그때와 다른 기분이었다. 땅을 딛고 어떻게 걷는지 모를 만큼 날아다니는 것 같고 피곤한지도 몰랐다. 혼자만 살다가 여러 친구들과 함께 밥을 먹고 밥상을 치우는 일이며 친구들과 한 줄로 무릎을 꿇고 젖은 걸레로 성전을 닦는 일 등 신나게 일을 하는데 뇌병변 장애가 있는 남옥 자매가 정확하지 않은 발음으로 얼굴을 찡그리며 물었다.

"저~저 전도사님은 기쁘세요?"

"으응, 나도 장애인인데 나보다 불편한 친구들을 위해 일할 수 있어서 기쁘네."

뒤에 안 사실이지만 남옥이는 결혼하려는 한 형제가 있는데 형편이 여의치 않아 그곳에 와 있다고 했다. 얼굴이 하얗고 예쁜 그녀의 나이는 서른여덟으로 생각이 바르고 믿음도 좋았다. 뇌병변 장애 1급이었는데 결혼을 해서 아이를 갖는 것이 꿈이라고 했다. 일어서지 못하기 때문에 사도행전 3장에 나온 성전 미문에 앉아 있는 앉은뱅이처럼 항상 좁은 입구에 앉아서 방문해 주는 분들에게 환한 미소로 인사를 하곤 했다. 집으로 돌아오는 차 안에서 피곤하고 몸은 무거웠지만 보람된 일을 했다고 생각하니 마음이 뿌듯했다.

그곳에 있는 장애인들 사정은 가지각색으로 다양했다. 모두가 하나님 사랑이 필요하고, 누군가의 도움이 필요한 연약한 친구들이지만 특히 선희를 잊을 수가 없다. 선희는 17세 여자아이였는데 일어서지 못하고 항상 앉아 있다가 무슨 생각을 하는지 가끔씩 빙긋이 웃곤 했다. 배가 만삭의 여인처럼 불룩했고, 등이 휘어져 세 살 정도로 밖에 보이지 않았다. 거기다가 말도 못하고 인지 능력도 없었다. 그런 선희를 엄마는 선희 오빠를 교육시키기 위해 파출부 일을 하러 다니느라 그곳에 맡기고 일주일에 한 번씩 찾아오곤 했다.

선희 엄마는 일을 마치고 토요일 밤이면 그 비닐하우스에 와서 선희를 꼬옥 껴안고 자고, 주일날 아침이면 일찍 대중목욕탕에 가서 선희와 함께 목욕을 하고 마을버스 종점에서 정애를 기다렸다. 봄 여름 가을은 그래도 괜찮은데 날씨가 추운 겨울에는 작은 포대기 하나를 둘러서 선희를 업고 종점으로 들어오는 버스 두세 대를 기다려도 정애가 보이지 않았다고 투정을 부리면 정애는 너무 미안했다. 그래도 선희 엄마는 추운 줄도 모르고 정애를 만나면 좋아서 선희를 고쳐 업고서 그와 함께 비닐하우스까지 걸어가는 것을 좋아했다. 선희 엄마는 어려운 살림에도 명절이나 크리스마스 때가 되면 잊지 않고 봉사자들과 원장님께 선물을 하며 사랑을 나누었는데 특히 정애에게는 가장 좋고 값 비싼 것으로 선물해 주었다.

또 진도에서 올라온 홍근이 홍식이 형제는 보호자가 없어서 그곳에 와 있는데 서른 살이 넘도록 어떻게 살았는지 식사 때에 젓가락 사용을 못하는 지적 장애인이다. 홍근이 홍식이 형제는 키가 작고 몸도 왜소했다. 어느 날 정애가 출근하는데 시내를 걸어가는 그들이 보였다. 어떻게 시설에서 나왔는지 방향감각도 없이 무작정 걸어가는 것을 보고 정애는 버스에서 내려 택시를 타고 시설로 데리고 간 적이 있을 만큼 그들 형제는 서른다섯 살이 넘어도 교육을 받지 못해 먹고 자고 걷고 배설하는 것 외에는 스스로 할 수 있는 일이 거의 없었다. 정애가 그곳에 있는 동안 그들 형제를 찾아온 연고자는 아무도 없는 가엾은 형제이다.

정애가 장애인 교회에서 3년 정도 사역하고 있을 때에는 그곳이 부흥되어 행정과 예배인도 교육을 맡아 하면서 장애 친구들에게 아주 기초적인 이름과 숫자를 가르쳐 보았지만 열매를 보기란 쉽지 않았다. 그래도 매일같이 반복해서 가르쳤다. 그런 가운데 장애인 교회에 식사준비와 청소, 세탁을 봉사하러 온 교회들이 많아졌다. 장애인 교회에 와서 봉사를 해 준 교회에서 여전도회 헌신예배에 간증을 해달라고 요청을 했다. 정애는 찬양 팀을 만들어서 간증을 하며 장애인 교회를 홍보하고 주님의 사랑과 역사하심을 증거 하러 다녔다.

그가 우리를 대신하여 자신을 주심은 모든 불법에서 우리를 속량하시고 우리를 깨끗하게 하사 선한 일을 열심히 하는 자기 백성이 되게 하려 하심이라 디도서 2:14

하나님 아버지 앞에서 정결하고 더러움이 없는 경건은 곧 고아와 과부를 그 환난 중에 돌보고 또 자기를 지켜 세속에 물들지 아니하는 그 것이니라 야고보서 1:27

우리는 그의 만드신 바라 그리스도 예수 안에서 선한 일을 위하여 지으심을 받은 자니 이 일은 하나님이 전에 예비하사 우리로 그 가운데서 행하게 하려 하심이니라 에베소서 2:10

이르되 자비를 베푼 자니이다 예수께서 이르시되 가서 너도 이와같이 하라 하시니라 누가복음 10:37

너희가 짐을 서로 지라 그리하여 그리스도의 법을 성취하라 갈라디아서 6:2

토기장이가 빚으신 간장종지

임금이 대답하여 이르시되 내가 진실로 너희에게 이르노니 너희가 여기 내 형제 중에 지극히 작은 자 하나에게 한 것이 곧 내게 한 것이니라 하시고 마태복음 25:40

잔치를 베풀거든 차라리 가난한 자들과 불편한 자들과 저는 자들과 맹인들을 청하라 그리하면 그들이 갚을 것이 없으므로 네게 복이 되리니 이는 의인들의 부활 시에 네가 갚음을 받겠음이니라 하시더라 누가복음 14:13~14

정애가 간증하러 다니면 다닐수록 건강하고 잘 나가던 자신을 왜 장애인을 만들어서 장애인들의 대변자로 세우시고 장애인 사역을 감당케 하시는지 소명이 깨달아졌다. 장애 친구들은 불편한 모습 그대로 율동과 찬양을 하고 그들을 구원해 주신 주님께 영광을 돌렸다. 그렇게 여러 교회 초대를 받아 다녀오게 되면 친구들은 무엇이 그렇게 좋은지 신이 나서 기뻐했다. 그들은 불편한 몸이고 인지가 부족해도 하나님을 찬양하는 도구가 되었다는 사실에 감사가 넘치고 즐거웠다. 그때 정애는 그의 신앙을 노래했던 복음찬송이 있어서 신앙고백처럼 늘 즐겨 불렀다.

낮엔 해처럼 밤엔 달처럼 그렇게 살순 없을까
욕심도 없이 어둔 세상 비추어 온전히 남을 위해 살듯이
나의 인생에 꿈이 있다면 이 땅에 빛과 소금되어
가난한 영혼 지친 영혼을 주님께 인도하고 픈데

나의 욕심이 나의 못난 자아가 언제나 커다란 짐 되어
나를 짓눌러 맘을 곤고케 하니 예수여 나를 도와주소서

예수님처럼 바울처럼 그렇게 살순 없을까
남을 위해 당신들의 몸을 온전히 바치셨던 것처럼
주의 사랑은 베푸는 사랑 값없이 그저 주는 사랑
나의 입술은 주님 닮은 듯하나 내 맘은 아직도 추하여
받을 사랑만 계수 하고 있으니 예수여 나를 도와주소서

언제 불러도 은혜가 되는 찬양이다. 물질만능의 이기적인 세태 속에서 예수님처럼 바울처럼 복음을 위해서 헌신적으로 봉사하고 살면서 주님을 닮아가고 싶었다. 진정한 돌봄이란 언제나 희생과 수고가 따르는 법… 제사장도 레위인도 외면하고 지나간 강도 만난 사람을 선한 사마리아인이 도와준 것처럼.

꧁ꕥ꧂

어느 날 강남 터미널 상가에서 쇼핑을 하고 지하철을 탔는데 노약자석에 빈자리가 보였다. 정애는 쇼핑한 물건이 든 검은 비닐봉지를 들었기 때문에 반가워서 얼른 그 자리를 향해 걸어가는데 가까이 가보니 그 빈자리 옆에는 남루한 거지 아저씨가 앉아 있는 것이 아닌가. 냄새가 나는 거지가 앉아 있기 때문에 아무도 가까이 하지 않고 그 옆 자리가 비어 있었던 것이다. 그런 줄도 모르고

토기장이가 빚으신 간장종지

정애는 이미 그곳을 향해 방향을 잡고 발걸음을 옮겼다. 승객들은 그가 어떻게 할지를 지켜보고 있는 듯했다. 정애는 그 순간 '나는 그리스도인이고 주님의 제자다. 그리고 이미 선한 이웃이 되겠다' 고 다짐도 했는데 순간 마음에 갈등이 오고 주저 되었다. 그러나 정애는 그 아저씨의 선한 이웃이 되고자 결심을 하고 아저씨 옆에 조심스럽게 앉았다.

포근한 봄인데도 아저씨는 검은 겨울 외투를 그대로 입고 있고 머리는 언제 빗질을 했는지 머리카락이 엉켜 붙어 있었다. 얼굴과 손은 검은 땟물로 새까맣고 손바닥과 손톱만 어두운 살구 색이었다. 주님의 은총으로 봄의 따사로운 햇살이 그를 비추고 있었다. 정애는 그와 나란히 앉아 있는데 건너편 좌석에서 아주머니가 빵을 하나 건네주었다. 아저씨는 배가 고팠는지 주저함 없이 얼른 빵을 받아서 입으로 가져갔다. 그 아저씨에게 당장 필요한 것은 배고픔을 채울 빵이었던 것이다.

"아저씨, 어렸을 때 교회 다녀 본적 있으세요? 배고프고 사는 게 힘들 때에 하나님께 기도하면 하나님께서 도와주세요."

"……."

"하나님은 이 세상을 창조하시고, 우리 인생들을 구원해 주시려고 하나밖에 없는 아들을 십자가에 못 박아 죽게 했어요. 우리는 모두 죄인이기 때문에 구원받을 수가 없는데 예수님만 믿으면 주홍같이 붉은 죄, 진홍같이 붉은 우리의 죄가 양털같이 흰 눈같이 깨끗해져서 구원을 받게 돼요. 우선 교회에 나가서 예수 믿고 도움을 받았으면 좋겠네요."

정애는 어디서 힘이 났는지 그가 듣든지 안 듣든지 복음을 전했다. 이방인처럼 아무도 가까이 해 주지 않은 핍절한 사람을 짧은 시간이나마 그의 선한 이웃이 되어 복음을 전하도록 힘주신 주님께 감사했다. 예수를 믿는 자녀들의 새로운 삶은 "즐거워하는 자들과 함께 즐거워하고 우는 자들과 함께 울라(로마서 12:15)"고 하신 말씀에 순종하고 나니 마음이 기뻤다.

꿈꿈꿈

미국에서 목회하시다가 한국에 잠시 나왔다는 안 목사님을 〈목회자 세미나〉에서 만나 정애가 사역하는 장애인교회에 오셔서 불편한 몸으로 장애인을 섬기고 있는 모습을 보고 감격해 하셨다. "결혼도 안하고 하나님의 일을 장애인들과 같이 이렇게 수고하는데 노후에는 좀 더 편안하게 여생을 보내야 할 것 아니냐"며 목사님께서 선교사업 계획 중이니 후일에 다시 만날 것을 약속하고 헤어졌다. 목사님은 정애를 마치 천사와 같다고 칭찬하며 미국으로 돌아간 후에도 안부를 묻는 국제전화를 주곤 했다. 정애가 장애인교회에서 다섯 해를 넘게 사역을 하고 그만 두었을 때는 장애인들이 60명이 넘게 늘어나서 구청으로부터 이전하라는 통지서를 받았다. 그런 날이 오리라 예상하고 경기도에 준비해 놓은 땅이 있어 65명이 넘는 대식구가 이전을 했다. 그곳은 900평이 넘은 넓은 대

지 위에 단층으로 깨끗하게 지은 양지 바른 곳으로 장애 친구들이 마음껏 좋은 공기를 마시며 생활할 수 있어 감사했다. 그들은 거의 지적장애인들이고 영세민 가정의 자녀들이다. 3/2는 보호자가 없어서 전적으로 장애인 생활시설 보호가 필요한 가엾은 친구들이다.

❧

그러나 정애는 그곳에 따라가지 않고 서울에 남아 학원에 다니며 사회복지를 공부하고 운전면허 시험도 준비했다. 제도권 안에서 정부의 인가를 받아 정식으로 장애인 복지시설을 운영하려면 사회복지사 자격증과 일을 능률적으로 하기 위한 운전면허증도 필요했다. 무엇보다도 자신의 능력을 시험해 보고 싶었다. 전신마취를 하고 뇌수술을 했지만 신학교를 졸업하고 나니 배움의 용기가 생겨서 기도하며 운전면허 필기시험을 보았다. 한 번에 합격되었지만 기능시험이 문제였다. 아니나 다를까 수입인지를 앞뒤로 덕지덕지 붙여가며 칠전팔기로 통과했다. 코스 코스마다 걸려서 감점을 받았다. 도중에 그만 포기하고 싶었지만 무슨 일이든 한번 시작하면 끈기를 갖고 뜻을 이루고 마는 정애의 확실한 성격 때문에 인내하며 계속 도전했던 것이 더 큰 기쁨을 주었다. 주행 시험은 삼성역에서 편도 8차선 대로였는데 한 번에 붙어 결국 운전면허증을 땄다. 그날 저녁은 좌측 편마비로 일반인들과 같이 해냈다는 승리감에 시원한 수박을 놓고 자축했다.

물리치료에도 전념했지만 투자한 시간과 치료비에 비하면 차도가 보이지 않아 낙심만 더했다. 물리치료에만 매달릴 수 없어 정애는 일주일에 한 번씩 복지시설에 다니면서 국어와 한자 글짓기 학습지도를 하러 다니며 자원봉사를 했다. 처음에는 아버지가 없고, 엄마와 아이들만 사는 모자원 시설에 가서 자원봉사를 하며 공부를 해서 사회복지사 2급 자격증을 땄다. 다른 복지관에서 대입 검정고시반을 가르쳤던 학생 중에는 9급 공무원이 된 장애인도 있었는데 그때만큼 보람을 느꼈던 적이 없다. 어려운 환경에 있는 한 사람을 건강한 사회인으로 세우는 데 일조했다는 사실이 자신의 일처럼 기뻤다.

모자원과의 인연은 신림동에 있을 때부터 고척동으로 옮긴 뒤에도 일주일에 한 번씩 10여 년을 넘게 봉사하러 다닌 곳이다. 그러나 자원봉사라는 이름은 허울 좋은 구실이었고 사실은 자신의 보행연습이었다. 건강한 두 다리로 자신감에 넘쳐서 활보하고 다니던 걸음을 이제는 반신불수 몸으로 절름거리는 장애를 갖고 걷는다는 것이 정애는 두려웠다. 시선을 어디에 두고 걸어야 할지, 스치고 지나가는 따가운 시선을 어떻게 처리해야 할지 몰랐다. 대중교통을 이용할 때에 타고 내리는 법 등을 극복하기 위한 사회적응 훈련이었다. 수서에서 지하철을 타고 교대까지 가서 신도림역에 내리면 또 버스로 갈아타고 모자원에 들어가야 했다.

지금 생각하면 정애는 80년도부터 재능기부를 한 셈이다. 그뿐만 아니라 70년대 초부터 자원봉사라는 용어가 있기도 전에 〈대한적십자사 청년봉사대〉에서 이미 자원봉사를 했다. 자원봉사라는 용어는 우리나라에서 86년 아시안 게임과 88년 월드컵 때에 공식

토기장이가 빚으신 간장종지

적으로 처음 사용했다.

그 외에도 대입 예비고사를 준비하느라 도서관 책상에서 엎드려 자면서 공부한 적이 있는데 그곳에서 알게 된 일본 나고야에서 온 아저씨가 있었다. 그 아저씨는 졸업을 앞둔 정애에게 헌 가방을 모아달라고 해서 정애는 아저씨가 부탁한 친구들의 헌 책가방을 모아서 줬던 기억이 난다. 나고야 아저씨가 일본에서 고아원을 한다고 해서 친구들의 헌 가방을 모아서 좋은 일이라고 생각해 도와주었던 일이 나중에 우리나라에서 했던 "아나바다 운동"의 시작이 되기도 했다.

〜〜〜

그러던 어느 날 주님은 정애에게 또 상을 주셨는데 감히 생각지도 못한 큰 상이었다. 〈서울시 숨은 자원봉사자〉로 선정된 것이다. 서울에서 선한 봉사를 하는 숨은 자원봉사자는 45명이었는데 모두 여성이고 장애인으로는 정애뿐이었다.

'봉사를 하다 보니 이런 좋은 기회도 오는구나!'

쉽게 있을 수 있는 일이 아니었기에 흥분이 되고 설레었다. 정애는 기쁘면서도 한편으로는 이름 없이 빛도 없이 자신보다 더 수고하며 숨어서 선한 일을 하는 분들에게 미안하기도 했다. 보건복지부에서 나온 사무관 인솔 하에 수녀님 여덟 분, 교회 목사님 부인 한 분, 그리고 일반인들로 구성된 일행은 어렵게 신원조회를 마치고 청와대 초청을 받아서 지체 높은 분들이 걸어 다니는 빨간

카펫 위를 조심스럽게 걸어서 집무실 이곳저곳을 구경했다.

봉사분야는 정애처럼 학습지도를 한 분들이 가장 많고, 장애인 목욕봉사, 이미용 봉사, 어려운 분들을 위해 음식을 만들고 꾸준히 배식하고 배달한 고마운 분들이었다. 일행은 청와대의 엄숙하고 고급스런 분위기와는 다르게 영빈관에서 소박하고 검소한 점심식사를 이희호 여사와 함께한 자리에서 나누고, 영빈관 입구에서 기념 촬영을 한 뒤에 다시 리무진 버스를 타고 속초에 있는 서울시 공무원 연수원에서 1박을 하며 쉬었다.

돌이켜보니 정애는 실력이 안 되는데도 상 복이 많아 주께서 많이 높여 주셨다. 모두가 하나님의 전적인 은혜였는데 자신의 능력으로 받은 상인 줄 알고, 믿음이 없을 때는 감사하지도 못했고 주님께 영광 돌리지도 못하고 산 어리석었던 지난날이 생각났다.

동행한 분들은 노래방이나 사우나를 하면서 모처럼의 여유를 즐기며 담소를 나누었지만 정애는 어느 곳도 함께 어울리지 못하고 조용히 방에서 묵상하며 저녁 시간을 보냈다. 다음날은 설악산 등반이 있었는데 정애는 산에 오르지 못하고 신흥사에서 햇볕을 쪼이며 나른한 오후 시간을 즐겼다. 울긋불긋 형형색색의 단풍이 산허리까지 내려와 곱게 물들어 가고 있었다.

지금은 건강을 위해서 산을 많이 찾지만 70년대에는 생활이 어려운 탓에 등산이 취미생활로 많은 인기가 있었다. 지금은 등산장

토기장이가 빚으신 간장종지

비를 준비하는데 많은 비용이 들지만 그때는 큰돈을 들이지 않고도 코펠과 버너만 있으면 어느 산이든지 가서 점심을 해먹고, 여가를 즐길 수 있어 젊은이들이 많이 선호했다. 주말이면 통기타를 어깨에 메고, 친구들과 어울려 관악산 인왕산 북한산 도봉산 소요산 용문산 등지로 다람쥐처럼 산을 타고 다녔는데 지금은 절름거리는 다리로 산에 오를 수가 없으니 정애는 관조하는 마음으로 멀리서 구경만 하다가 버스에 올랐다.

서울로 오는 버스 안에서 마이크를 돌리며 저마다 흥겨운 노래를 불렀지만 정애는 아는 노래가 없어서 마음 조리고 앉아 있는데 다행히 기회는 오지 않았다. 정애가 그런 세상 문화에 익숙한 건 강했던 시절이 20여 년이 지나자 그들과 같은 시대에 살고 있으면서도 전혀 다른 세상에서 살고 있는 것만 같았다.

건강했을 때는 유행에 민감해서 둘째가라면 서러울 만큼 모양도 내고 화장도 곧잘 하고 다녔다. 어느 교회 사모님은 자기 딸에게 정애처럼 화장하지 말고 다니라고 할 만큼 정애는 화장할 것 다 하고 다니는데도 남이 보기에는 안한 것처럼 수수하게 보였다. 발병할 당시만 해도 마스카라나 매니큐어를 바르지 않으면 외출을 못할 정도로 모양을 내고 다녔는데 지금은 은혜의 눈물을 자주 흘리기 때문에 눈 화장할 생각도 못하고, 매니큐어 역시 사역자로서 마땅치 않아 그만 두었다. 왼손을 못 쓰니 오른편 손톱을 바를 수가 없어 바를 생각도 못했으니 정애는 이미 외모 지상주의로부터 점점 멀어져 가고 있었다.

다시 찾아온
사랑

언제부터인지는 몰라도 정애는 일을 하지 않고 있으면 허전하고 불안했다. 열심히 일하다가 저녁이 되면 피곤해서 잠이 드는 삶을 습관처럼 살다 보니 정애는 병을 앓고 있으면서도 이미 습성이 되어 다시 일을 찾고 있었다. 주님을 만난 뒤에는 더욱 육신의 안락함에 안주하고 사는 것은 이미 그의 삶이 아니었다. 이제는 쉬어도 되련마는 일중독자처럼 다시 일을 찾고 있었다. 훨훨 날던 두 날개가 꺾여서 잘 날 수는 없지만 부족한 대로 이제 조금 오를 수 있게 되자 주일을 거룩하게 지키고 예배드리며 말씀 속에서 사는 삶이기는 하지만 단조로웠고, 매달 부모님께 받고 있는 생활비도 부담스러웠다. 장애인 사역을 준비하느라고 3년쯤 일을 안 하고 쉬었더니 답답하기도 하고, 무엇보다도 사람들과 어울려 일하면서 재활을 하여 건강을 회복하고 싶은 마음이 간절했다.

토기장이가 빚으신 간장종지

그런 생각으로 정애가 찾아간 곳은 강남에 있는 G출판사였다. 머리를 뒤로 곱게 빗어서 하나로 단아하게 묶은 여직원의 안내를 받아 들어간 곳은 관리자 집무실답게 잘 정돈되어 있는 사무실이었다. 검은색 소파와 책이 빼곡히 들어 있는 책장 외에 창가에 덩그러니 놓여 있는 동양란 화분 하나가 기품을 자랑하고 있었다. 대표인 듯한 남자는 반갑게 정애를 맞이하면서 여직원에게 차를 주문했다. 그는 중후한 몸에 쌍까풀 진 큰 눈, 눈썹도 검고 코도 커서 시원하게 잘 생긴 호남이었다.

그들은 차를 마시면서 정애의 경력과 앞으로 해야 할 일에 대하여 얘기를 나누고 면접 같지 않은 면접을 치루고 일어났다. 지인의 소개로 갔기 때문에 이력서 없이 본 면접이었다. 그는 명함 한 장을 내밀면서 정애의 전화번호를 물었다. 정애는 전화번호를 일러주고 내심 안심이 되어 이미 어둑어둑해진 골목길을 나오는데 하얀 스텔라 승용차 한 대가 크락숀을 울리며 옆으로 다가왔다. 조금 전, 담소를 나누었던 그가 언제 뒤따라 나왔는지 환한 웃음을 띠며 타라고 손짓했다.

정애는 불편한 몸을 핑계 삼아 종종 다가오는 이런 호의를 주저하지 않고, 무슨 특권을 누리듯이 이용했기에 아무런 스스럼없이 탔다. 정애를 태운 차가 그가 사는 서민 아파트에 들어서니 베란다에 널려 있는 하얀 세탁물들이 귀가가 늦은 주인을 기다리고 있었다. 그렇게 집에 들어온 정애는 이상한 감정을 느꼈다. 발병하고 나서 15년쯤 지나 처음으로 교회 일이 아닌 개인적인 일로 이성과 한 차에 동승한 것이다. 그동안 장애인 사역을 하면서 후원자들 차에 동승할 때와는 전혀 다른 느낌이었다. 그때는 걷는 것이 불편한 자신에게 친절한 배려라고 생각하여 감사하는 마음 외에 다른 생각은 없었는데 앞으로 같이 일을 하게 될지도 모르는 그분의 호의는 오랫동안 남성에 대해서 닫고 있던 자신의 마음을 비집고 들어오는 무엇인가를 느꼈다. 그는 차 안에서 가족관계며 언제부터 왜 이렇게 되었으며 어떻게 혼자 지내느냐는 등 본인의 이야기는 하지 않고, 정애의 개인사를 관심 있게 물으며 그녀의 신상을 파악했다.

다음날 오전에도 그로부터 점심을 같이 하자는 전화를 받았다. 그가 아파트 앞까지 데리러 온 차를 타고 좌석이 많지 않은 조용한 일식집에서 둘만의 오붓한 식사를 나누었다. 참으로 오랜만이었다. 정애는 드디어 자신의 가치와 능력을 인정해 주는 사람을 만나는 것 같아 기분이 좋았고 마치 꿈을 꾸고 있는 것만 같았다. 그는 아파트 앞까지 친절하게 데려다 주면서 저녁도 함께 할 것을 권했다.

"저녁은 사모님이 맛있게 차린 식사를 자녀들과 함께 드셔야죠."
"우리 와이프는 직장에서 늦게 끝나기 때문에 저녁은 먹고 오고, 애들은 학원 앞에서 각자 해결하지요."
"매일같이 그러시나요?"
"거의 그런 날이 많아요."
"애들이 다 컸는지 모르지만 안됐네요."

"우리 애들은 습관이 돼서 괜찮아요."

"사모님께서 사업하시나 봐요?"

"천천히 말씀 드리죠."

지금까지 담담했던 그의 모습이 왠지 쓸쓸해 보였다. 그런 사이에 벌써 정애가 사는 아파트에 도착했다. 그는 퇴근하고 연락하겠다고 하면서 정애를 내려주고 사무실로 돌아갔다. 정애는 돌아와서 읽고 있던 일본 여류작가 시오노 나나미의 책을 읽었지만 집중이 되지 않아 읽던 행간을 읽고 또 읽다가 그가 준 명함을 꺼내 들었다. "지혜출판사 대표 김준기"라고 적혀 있었다. 출판사 대표 명함답게 디자인이 심플하고 산뜻했다. 그는 왜 처음 만난 자신에게 친절한 것인지 알 수 없었다. 정애는 그가 한 이야기를 의심 없이 그대로 받아들이고 그가 가엾다는 생각마저 들었다. 세상은 갈수록 복잡해져서 한가족이 함께 식사를 나누는 일조차 뜸해진 것이 비록 그의 가정만은 아닐 것이라는 생각이 들었다.

결혼도 안하고 교회 사역만 하던 정애는 갑자기 정보화 시대가 되고 교육열이 갈수록 높아진 세상의 돌아가는 흐름을 잘 몰랐다. 무엇을 위해서 모두들 그렇게 바쁘게 사는 것인지. 사람이 살면서 가장 기본 단위인 가족이 저녁에도 한자리에 앉아서 함께 밥을 먹지 못하고 뿔뿔이 흩어져 각자 해결해야 하는 현실이 팍팍하게 느껴졌다. 어쩌다가 우리나라 현실이 이렇게 각박하고 바쁘게 변해 가고 있는 것인지… 정애가 투병하며 믿음 안에서 살려고 발버둥치고 있을 때, 세상은 정권이 바뀌어 폭동이 일어나고 스포츠

열기로 전국이 뜨겁게 달아오르고 있었다. 각자 생활이 바쁜 현대 사회에서 그럴 수도 있겠다 싶지만 그래도 그분의 가정은 평범한 보통 가정은 아닌 듯 싶었다.

어둠이 짙어져 하나둘씩 아파트에 수은등 불빛이 들어오자 정애는 은근히 그의 전화를 기다리고 있었다. 그가 정애에게 호감을 갖고 가까이 한 것만큼 정애도 그에게 관심이 갔다. 아파트 가까이에 가고 있으니 현관 앞으로 나와 있으라는 전화를 받고 정애는 설레이는 마음으로 오랫동안 입지 않은 스커트를 꺼내 입고 밖으로 나갔다. 그들이 함께 음식점으로 들어간 곳은 가족들끼리 모여서 행복한 저녁식사를 나누고 있는 피자헛이었다. 이제 막 프랜차이즈로 강남에 크게 자리를 잡아서 서구식 인테리어로 깨끗하고 화려하게 잘 꾸며져 있었지만 무슨 노래인지도 모를 노랫소리가 시끄러워 소음처럼 귀에 거슬렸다. 그는 식사를 마치고 근처 조용한 카페에서 조심스럽게 자신의 얘기를 꺼냈다.

그는 지방에서 고등학교를 나와서 수재들만 다닌다는 서울의 S대학에서 정치외교학과를 나오고, 26세부터 고향 국회의원 보좌관을 지냈으며 어여쁜 아내를 만나서 두 딸이 있다고 했다. 그런데 어떤 이유로 신학을 해서 지방에서 목회를 하다가 접게 되었는지는 노랫소리가 너무 커서 잘 들을 수가 없었다. 서울에 올라온 지는 5개월쯤 되어 출판사를 시작한 지는 얼마 되지 않았다고 했다. 왜 신학을 했는지 이유를 듣지 못해 다시 되묻고 싶었지만 관심을 보이는 것 같아서 그만 두었다. 그러나 그가 목회를 했다는데에 정애는 친근감이 생기고 믿음이 갔다.

토기장이가 빚으신 간장종지

그들은 저녁식사를 마치고 경춘가도 쪽으로 드라이브를 했다. 정애는 그날 밤 여성으로서 인격적인 대우를 받고 즐거운 대화를 나누며 이성과 동승한 차 안에 있는 것만으로도 감격스럽고 흥분이 되었다. 정말 오랜만에 사람다워진 것 같아 기분이 좋았다. 그는 정애와 나이가 10년차였지만 정신적으로는 그가 10년은 더 젊은 생각을 가진 청년처럼 느껴졌다. 어두운 밤길을 따라 검은 형체만 보이는 산모퉁이를 돌고 돌아서 지나갔다. 고속도로 주변에는 라이브 카페들이 휘황찬란한 레온 사인으로 유혹하고 있고, 어느 업소에서 흘러나오는지 모를 생음악이 색소폰 소리와 함께 밤공기를 가르고 있었다. 그는 한참을 춘천 쪽으로 올라가다가 유턴을 해서 서울로 방향을 돌렸다.

그 다음날도 그는 할 일 없는 사람처럼 점심시간 전에 정애 아파트 앞에까지 왔다. 어차피 혼자 점심을 해결해야 하는 정애로서는 반갑고 고마운 일이어서 한두 번 나가서 함께 식사를 했지만 그 일이 거듭되자 부담스럽고 그의 저의가 궁금했다. 그는 10권짜리 세계문화 전집을 기획 중인데 저자의 집필이 늦어져서 더 기다려야 한다고 했다. 아파트로 오는 길에 그는 늦은 시간인데도 영풍문고에 들려 세 권의 책을 사주었다. 정애는 그동안 신앙에 몰입하느라고 읽지 못한 책들을 골라 마음의 풍요로움을 안고 돌아왔다.

그가 어느 날 밤에 저녁식사를 마치고 차를 마시면서 정애에게 결혼할 남성을 소개해 주겠다고 했다. 정애는 생각지도 않은 일이라서 겉으로는 사양을 했지만 마음속으로는 은근히 관심이 가고 호기심이 생겼다.

"송파에서 살고 있는… 김경호라는 내 친구예요."
"… 어떤 일을 하시는 분인데요?"
"목회를 하다가 지금은 쉬고 있죠."
"연배는?"
"내 친구니까 나정도 됐을 거예요."
"아이들은?"
"아이들이야 있죠. 50이 다 됐으니까."
"친구시라면서 자주 안 만나시나 봐요."
"자주는 만나지만 서로의 가정사에 대해서는 노코멘트니까요."

그의 얘기를 들으면서 앞에 앉아 있는 본인의 얘기를 하고 있는 것은 아닌가 하는 생각이 들었지만 더 이상 묻지 않고 듣고만 있었다. 여자의 육감 같은 것이었다. '왜 이분은 자신의 얘기를 이렇게 궁색하게 꾸며가며 얘기하고 있는 것일까!' 정애는 측은한 생각이 들었지만 흥미롭게 듣고 있었다. 그렇다면 지금까지 정애에게 한 친절은 이 말을 하기 위한 작업이었나 생각하니 진실성 없는 그 앞에 앉아 있는 자신이 어리석고 황당한 느낌마저 들었다. 부인과는 사별일지 이혼일지 궁금했다. 하지만 아픈 곳을 찌를 수가 없어 더 이상 묻지 않고 찻집에서 나왔다. 그는 자동차 안에서 물었다.

"불쾌했나요?"

"……"

정애는 집에까지 오는 동안에 생각이 복잡해서 아무런 말도 건네지 않았다. 그도 말없이 정애를 내려주고 아파트를 돌아서 미끄러지듯이 빠져 나갔다. 그는 그날 밤 이후로 연락을 끊었다. 전화가 오지 않자 정애는 외출을 할 수가 없었다. 먼저 전화해 보지도 못하고 궁금해서 안달이 날 정도였다. 재활용 실내 자전거를 탈 수도 없고, 책을 읽어도 머리에 들어오지 않았다. 이미 하얀 도화지 같은 정애의 마음속에 그가 깊게 자리를 잡고 들어와 있었다.

그 감정은 처음 이성을 알고 느끼는 설레임 같기도 하고, 그가 무슨 일을 하고 있는지 그의 생각으로 머리가 꽉 차서 마치 20대에 누군가를 그리워하는 그런 감정이었다. 이것이 사랑의 감정일까? 오랫동안 자신의 처지를 생각해서 꺼내놓지 못한, 사랑을 받고 싶기도 하고 인격적으로 인정받고 싶은 욕망이 꿈틀거렸다. 의식적으로 잊고 지내면서 외면하고 살았던 본능이 초라하게 마음을 흔들었다.

정애는 젊은 날에 발병했기 때문에 이루지 못한 사랑이 있어 아직도 사랑에 대하여 환상과 기대를 갖고 사는데, 자신의 삶에 다시는 올 것 같지 않은 기회가 천천히 다가오고 있음을 느꼈다. 젊은 날의 사랑의 빛깔이 핑크색이라면 지금의 빛깔은 은은하면서도 곱고 포근하고… 그러나 언제 정열적으로 빨갛게 변할지 알 수 없어 기대되는 살구색 같았다. 갑자기 삶의 희열이 느껴졌다.

인생은 이래서 살만한 가치가 있는 것일까. 정애는 어제의 칙칙했던 삶과 암울에서 벗어나 환희의 기쁨을 노래하고 있었다. 그를 만남으로 인해 자신이 잃어버린 꿈과 마래가 다가오고 있는 듯하고 무엇보다도 착하고 바르게 살고자 한 자신의 가치를 인정해서 접근하고 있는 그가 고맙기까지 했다. 그러나 그의 분명한 의사를 모르기 때문에 먼저 연락할 수도 없고 전화도 오지 않았다. 뭐하고 싶은 강아지처럼 끙끙거리며 일주일이 지나고 열흘쯤 지나자 기다리던 전화가 왔다. 오후에 집에 들리겠다는 것이다. 밖에서는 여러 번 만났기 때문에 불편하지 않았는데 갑자기 혼자 사는 집을 방문하겠다니 마음이 부산스러워 무엇부터 어디를 먼저 치워야 할지 걱정이 앞섰다. 우선 눈에 띄는 대로 치워놓고 기다리고 있는데 그가 점심때를 지나서 보랏빛 양란 꽃 다섯 송이가 예쁘게 핀 하얀 도자기 화분을 들고 멋쩍게 웃으며 현관으로 들어섰다.

"그동안 편안했어요? 오다가 양란 꽃이 예쁘게 피어 있어 하나 샀어요."
"그냥 오셔도 되는데… 이렇게 예쁜 난을?"

정애는 준비해 놓은 과일과 차를 내놓았다. 그는 거실 구석에 썰렁하게 놓여 있는 재활용 자전거를 보며 말했다.

"그동안 운동 많이 했어요? 아파트가 아담하니 혼자 살기에 좋겠어요."

토기장이가 빚으신 간장종지

"네…"

"지난번에 실례가 많아 연락 못했어요."

"저라도 연락을 드려야 하는데…"

"어렸을 때 제 아명이 경호에요. 아내와는 8년 전에 이혼을 해서 애들하고 살다가 얼마 전에 이모 집에 보냈어요."

'경호!' 소개해 준다는 친구 이름이잖은가. 아니나 다를까 정애의 육감이 맞았다. 그러니까 오늘의 양란 선물은 그럼 프러포즈란 말인가! 갑작스런 그의 태도에 정애는 혼란스러웠다. 무슨 말을 어떻게 해야 할지 정신없이 그가 하는 얘기를 듣고 있을 수밖에 없었다. 그의 이야기는 지금은 두 딸을 애들 이모 집에 맡기고 있고, 그는 사무실에 기거하면서 청년 두 명의 보호자로 그들과 함께 살고 있다고 말하곤 자리에서 일어났다. 정애는 그가 빠져나간 자동차 자취를 창가에서 물끄러미 바라보았다. 하늘에서는 봄을 재촉하는 단비가 촉촉이 내리고 있었다. 그를 받아들이고 앞으로 계속 만나야 할지 정애의 마음에 균열이 일어나고 있었다. 발병하면서부터 사랑도 결혼도 포기하고 미래에 대한 꿈도 접고 오직 믿음으로 곁눈질 하지 않고 10여 년을 넘게 살아온 정애는 혼자서 결정을 내릴 수 없어 새벽기도를 하러 다니기 시작했다.

아침 금식을 하며 40일 동안 기도하는 동안에 하늘에 계신 그분은 아무 말씀이 없었다. 주께서 말씀하셨는데도 이미 정애 마음속에 그가 들어와 있었기 때문에 듣지도 깨닫지도 못하고 있는지도 모른다. 기도를 하는 동안에도 정애는 그와 계속 만나고 있었다.

그와 만나서 대화를 나누면 나눌수록 그의 정의로운 사고와 인성과 지성과 따뜻한 심성 그리고 하나님을 향한 영성이 자신과 많이 비슷하다고 느꼈다.

⁂

어느 날 밤은 그와 함께 지내고 있다는 청년들을 만났다. 그들은 그가 교회를 할 때에 교회 청년들이라고 했다. 착하고 반듯하게 잘 생긴 청년들이었는데 한 명은 그의 배려로 검정고시를 거쳐 현재는 대입을 준비하고 있고, 다른 한 명은 미술학원에 다니면서 미대 진학을 준비하고 있다고 했다. 그들을 만나고 나니 그에 대해서 더 신뢰감이 생기고 믿음이 갔다. 혼자 지내면서 거처가 없는 청년들을 돌보고 있는 것이 예사롭게 보이지 않았고, 아들이 없는 외로운 그에게 힘이 되겠구나 싶었다. 그 청년들도 정애에게 홀로 외롭게 지내는 그들의 사부님(?)을 위해 연인이라도 되어 주기를 바라듯이 매우 호의적이었다. 정애도 그들에게 호감적으로 대했다. 어쩌다가 불우한 환경을 만나 홀아비 사부님 밑에서 고락을 함께 하고 있는 것일까. 세 남자의 인생이 기구해 보였다. 밥은 누가하며 시장은 누가 보는지 궁금해서 물었더니 같이 한다고 했지만 거의 사부가 하고 있는 듯했다.

정애는 거기서 그를 끝내야 했다. 그런데 무슨 대단한 공명심이나 의협심이 있다고 오지랖도 넓게 그들과 함께 하고 말았으니 역시 사랑의 힘은 강했다. 자신의 삶도 여유롭고 풍족하지 않은데도

토기장이가 빚으신 간장종지

정애는 또다시 모험을 시도하고 있었다. 어떻게 보면 그녀의 삶은 몸이 아프기 전이나 아픈 후에나 여전히 모험과 도전의 연속이다. 결코 안일을 꾀하지 못하는 성실함이 부모님으로부터 물려받은 유산인 만큼 정애가 삶의 애착을 가지고 열심히 살아온 것만 보아도 알 수 있다.

그와 만나고 있을 때, 고향에 계신 부모님은 미국에 살고 있는 막내 여동생 출산을 도우러 LA에 가셨기 때문에 의논도 못하고 귀국하기만 기다리고 있던 차에 석 달 만에 서울에 오셨다. 부모님은 정애가 아프고부터 십여 년 동안 반찬을 해 갖고, 매달 한 번씩 정애가 있는 곳이면 어디든지 오셔서 며칠 동안 머물다가 정애가 잘 먹는 음식을, 먼저 먹을 야채 반찬과 나중에 먹을 냉동식품까지 차례대로 해 놓고 고향으로 내려가곤 했다. 이번에는 석 달 만에 오셔서 미국 얘기가 많았다. 엄마랑 오랜만에 함께 잠자리에 누웠다. 정애가 먼저 말을 꺼냈다.

"엄마, 만약에… 만약에 내가 결혼한다면 어떻게 될까?"

정애가 병이 나고 15년 동안 한 번도 드러내지 못한 뚱딴지같은 소리에 엄마는 놀라서 갑자기 일어나 앉았다.

"누구… 사람 있냐?"

"아니… 혹시 그러면 어떨까 하고 생각해 봤어."

"널 위해주는 좋은 사람 있으면 결혼하면 좋지. 엄마 아버지가 세상 떠나도 걱정 없고…"

그러면 자신을 위해 주고, 좋은 사람일 것 같지만 당장 그의 명함을 내놓을 수는 없었다. 나이가 10살 차이가 난다는 사실은 둘째 치고라도 이혼했다는 소리는 더더욱 말할 수 없었다. 엄마는 정애를 제외하고 7남매를 막내까지 모두 결혼을 시켰지만 그런 가정은 아직 없었다. 이혼이 지금은 흠이 아니지만 90년대 만 해도 흔하지 않아 정애는 아예 입을 닫아 버렸다. 그러나 자신이 결혼하는 것을 엄마도 반대하는 것은 아니라는 마음을 알게 되어 다행이라고 생각했다.

꿈초가을 별빛이 유난히 반짝이는 밤에 그가 두 딸과 함께 잠실 유람선에서 저녁식사를 하기로 했다고 합석해 주기를 바랐다. 정애는 내심 가장 자신 없는 일이지만 그와 결혼을 하려면 언젠가는 부딪칠 일이기 때문에 함께 약속 장소에 나갔다. 그의 손을 잡고 제방을 따라서 밑으로 내려가는데 시원한 밤바람이 스산하게 정애 마음을 어루만졌다. 두 딸은 먼저 와서 사각 테이블을 앞에 두고 앉아 있었다. 그들은 마치 아이돌 스타들처럼 미모의 아가씨들

　　　　　　　　토기장이가 빚으신 간장종지

이었다. 이미 아빠가 잘생긴 건 알고 있었지만 그들의 엄마도 한 인물 했을 것 같은 생각이 들었다. 쉽게 다가갈 딸들이 아닌 듯이 두터운 벽이 보였다. 아빠의 처지를 이해하려는 것이 아니라 엄마와 이혼한 아빠에 대하여 원망과 적개심을 갖고 있는 듯했다. 큰 딸은 그런대로 아빠를 이해하려는 애씀이 보였는데 작은 딸은 감수성이 예민한 10대라서 그런지 말 붙이기가 조심스러웠다. 정애는 어색한 분위기를 바꾸어 보려고 말을 걸었다.

"공부하기 괜찮아요?"
"… 그냥 하는 거예요."

큰딸이 무표정하게 응대했다.

"아빠랑 함께 식사하는 거 얼마만이에요?"
"음… 두 주일쯤 됐어요."

역시 큰딸이 말했다

"동생은 어느 과목을 제일 좋아해요?"

선생티를 내지 않으려고 했지만 벌써 질문이 학교 이야기다. 무표정하게 앉아있는 작은딸의 입을 열려고 물었는데 작은딸은 여전히 고개만 숙이고 말이 없다. 정애는 마음속으로 둘째 딸 마음

열기가 쉽지 않겠다는 생각이 들어 기도로 준비하지 않고 딸들을 만나고 있음을 후회했다. 딸들과 많은 얘기는 나누지 못하고 저녁만 먹고 곧바로 헤어졌다. 딸들은 둘이서 가고 정애는 그의 차를 타고 집으로 갔다.

"우리 딸들 어때요?"
"쉽지 않겠어요."
"그렇죠. 나 때문이에요. 내가 지들 엄마하고 이혼하고 고생시켜서…"
"……"

침묵이 흘렀다

"뭐라고 말 좀 해 봐요. 실망했어요?"
"이런 기분 처음이에요."

정애는 장애가 있어도 호감적이어서 대인관계에 대해서는 걱정하지 않고 살아왔는데 환영받지 못한 딸들의 태도에 대해 이해가 되면서도 은근히 화가 났다. 정애는 그 일이 있은 후에 걱정이 늘었다. 몸이 건강하면 딸들을 자연스럽게 만나서 함께 식사도 하고 쇼핑도 하고 선물도 사주면서 가까워지면 되는데 몸이 불편하니 마음대로 만날 수가 없어 여간 신경이 쓰이지 않았다.

　　　　　토기장이가 빚으신 간장종지

집으로 돌아오자마자 속마음을 털어놓고 이야기할 수 있는 친구에게 전화를 했다. 정애에겐 대학을 졸업하고 꾸준히 연락을 하고 지내는 언니 같은 살가운 친구가 한 명 있었다. 나이가 정애보다 두 살 더 많아서인지 생각이 깊고 통찰력이 있는 좋은 친구이다. 그 친구 역시 여고 국어교사였는데 그들은 피붙이 동기간처럼 가까운 사이로 대학생활을 함께 했다. 그러고 보니, 남자친구가 생길 때면 그 친구에게 선을 보이고 조언을 받았던 기억이 나서 그와 약속을 하고, 친구 내외와 함께 음식점에서 저녁을 먹고 헤어졌다.

"그 사람 어땠어?"

"한 번 만나 봐서 알겠니? 우선 인물이 출중하시드구만. 능력도 있어 보이고…"

"내가 본래 그런 사람을 꿈꾸었는데 아프고 나서 그런 사람을 만날 수 없을 것 같아 결혼을 아예 포기하고 살았지. 근데 거짓말처럼 그런 사람이 내 앞에 나타난 거야. 그래서 마음이 흔들리네. 어떻게 하면 좋을지 고민이 돼서 전화했어."

"널 좋아하는 것 같아?"

"으응…"

"사람은 진실하고?"

"목회를 했다니까 하나님을 두려워하며 살겠지."

"집은 갖고 있대?"

"모르겠어, 현실감이 없어 보여…"

"잘 알아보면서 천천히 만나 봐, 집이 없으면 곤란하잖아! 서로 나이가 있는데…"

"그렇지…"

정애는 집 얘기가 나오자 더 할 말이 없어 다시 연락하겠다고 전화를 끊었다. 정애가 사는 집이 전세이기 때문에 그가 집이 있으면 좋으련만.

꽃 장식

정애는 출판사에 나가서 원고를 받아와 집에서 정리하며 지내는 동안, 두 사람은 계속 만나고 있었다. 하지만 결혼에 대해서 구체적인 얘기는 없었다. 정애 역시 딸들의 동의를 얻는데 어려움이 있겠다 싶어 말없이 기다렸다. 원고정리가 거의 끝나가고 있을 때, 그는 부모님을 만나 뵙고 싶다고 했다. 부모님이 서울에 올라온 날을 택해서 작은언니가 부모님을 모시고 호텔 음식점으로 왔다. 그는 중국요리 코스로 점심식사를 대접했는데 엄마보다 아버지가 더 상기되어 있었다. 그도 그럴 것이 가엾은 딸을 좋다고 결혼을 하겠다는 믿음직한 남자가 나타났으니 아버지가 흥분이 되는 건 당연했다.

"그래… 김 사장이 우리 정애와 어떻게 하겠다는 거요?"

"부모님께서 허락하시면 이 선생과 결혼하고 싶습니다."

토기장이가 빚으신 간장종지

그는 정애를 처음부터 이 선생이라고 불렀다.

"끝까지 믿을 수 있을까?"
"지켜봐 주십시오."

아버지는 인물도 좋고 학벌도 좋고 건강한 사람이 불편한 딸을
데려 가겠다니 고맙기는 하지만 믿기지 않은 눈치였다. 아버지는
그가 건넨 도수 높은 중국술을 드시고, 벌써 얼굴이 붉으스레 취
기가 오르고 있었다. 부모님을 만난 뒤에 그는 자신을 얻었는지
신고식을 치른 사람처럼 가벼운 마음으로 운전을 하며 정애 집을
향해 가고 있었다.

"언니가 미인이시네요. 그래도 난 이 선생 스타일이 좋아요."
"전요… 결혼하면 언니처럼 좋은 집에서 살고 싶어요. 지금까
지는 혼자 살았기 때문에 욕심 없이 작은 아파트에서 살고 있지만
결혼해서 가정이 생기면 욕심이 생길 것 같아요. 아파트도 좀 넓은
평수에서 살고 싶고 자동차도 언니처럼 좋은 차를 타고 싶어요."
"하나님 일하는 사람이 욕심은! 위에 계신 분이 주시는 대로 사는
거지."

그 소리를 듣자 정애는 자신도 모르게 불쑥 튀어나온 세상적인
욕심이 마음속에 도사리고 있음이 부끄러웠다.

사식과 교정이 끝난 원고는 인쇄에 들어갔고 정애는 그와 고속도로를 달리고 있었다. 부모님께 인사하러 고향집을 향해 가고 있었다. 그는 기분이 좋은지 신나게 노래를 부르며 달렸다.

배를 저어가자 험한 바다 물결 건너 저편 언덕에
산천경계 좋고 바람 시원한 곳 희망의 나라로
돛을 달아라 부는 바람 맞아 물결 넘어 앞에 나가자
자유 평등 평화 행복 가득한 곳 희망의 나라로~

학창 시절에 불렀던 현제명의 가곡을 가사를 더듬지도 않고 힘차게 부르며 앞으로 앞으로 운전하며 나갔다. 노래하는 그의 모습은 나이에 걸맞지 않게 청년다워 보였다. 주말이 아니어서 고속도로 하행선이 훤하게 뚫려 있었다.

주께서 내길 예비 하시네 주께서 내길 예비 하시네
이제 하루하루를 주를 위해 살리라 주께서 내길 예비 하시네

앞으로 정애와 함께 할 그의 삶이 확 뚫린 고속도로처럼 뚫리기를 바란 마음으로 기도하듯이 오래된 복음찬양을 부르기도 했다.

4시간여를 달려서 고향에 도착했을 때는 점심시간이 다 되었

토기장이가 빚으신 간장종지

다. 정애 고향집은 대지가 200평이 넘은 곳에 본채와 아래채가 마주보고 있는 ㄷ자 집이다. 넓은 마당 가장자리에는 텃밭과 경계를 지어 철따라 예쁜 꽃이 피는 소박한 꽃밭이 있다. 그 꽃밭에는 겨울만 빼고 꽃들이 번갈아 가면서 피고 졌고, 집이 커서 정애가 살았던 유년시절부터 개를 키웠다. 개가 바뀌어도 개 이름은 항상 독그였다. 왜 개 이름이 독그였는지는 중학교 가서야 알았다.

엄마는 동식물을 좋아해서 화초를 가꾸어 화분갈이도 제 때에 잘 해 주었고, 독그도 사람이 먹는 국과 똑같이 멸치를 넣어 끓인 따뜻한 국물에 찬밥을 말아 주곤 했다. 어렸을 적 기억에는 뒷곁에 닭이랑 돼지도 키웠던 생각이 난다. 할머니와 2남 6녀의 대식구에다 한 번도 없었던 적이 없던 식모 언니들… 음식이 남으면 어떻게 처리했겠는가. 개 돼지는 그래서 사육했을 거라는 생각이 뒤늦게 들었다. 특별히 개는 암컷을 잘 키워서 새끼를 낳으면 엄마 용돈으로도 요긴하게 썼던 기억이 난다.

긴 골목을 따라 들어간 고향집엔 작년 설에 보았던 독그가 아닌 몸집이 더 큰 다른 독그가 컹컹거리며 그와 정애를 반기러 나오고 부모님도 토방으로 내려왔다. 사촌들과 사방놀이를 하며 함께 뛰놀던 넓은 마당이 작게 느껴졌다.

"어서 오게."
"그간 편안하셨습니까? 어머님도…"
"차는 밀리지 않던가?"
"괜찮았어."

정애가 얼른 대답을 하고 엄마 손을 잡았다. 물기에 젖은 엄마 손이 차가웠다. 안방에 들어가니 큰상이 들어와 있고 벌써 음식이 서너 가지 놓여 있었다. 이제 막 정성스럽게 준비한 음식을 하나둘씩 상에 올려놓고 있는 듯했다. 양반 체면에 평생을 부엌 근처에 얼씬도 하지 않던 아버지가 기분이 좋아 손수 음식을 나르며 엄마를 도와 금세 한상이 넘치게 차려졌다.

"일찍 나서서 오느라고 애썼는데 술부터 먼저 받게."

아버지는 그에게 잔을 내밀며 작년 생신 때에 언니가 선물한 양주를 따랐다.

"집이 커서 두 분만 지내시기에 적적하시겠어요."
"이 사람은 교회도 가고 동네 마실도 다니고, 나는 종중 일도 보고 붓글씨도 쓰고 그럭저럭 시간을 보내며 사네."
"아침은 먹고 차를 탔는가?"
"오다가 휴게소에서 국수 말은 것 먹었어."
"시장할 텐데 어서 들게."
"음식이 모두 맛있습니다. 전라도 음식 맛있는 줄 알았지만 어머니 솜씨가 정말 대단하십니다."
"정말 감사해요. 우리 정애가 결혼을 한다니…"

엄마는 정애가 결혼하게 될 것을 꿈에도 생각해 보지 못했는데

토기장이가 빚으신 간장종지

이렇게 듬직한 남자와 함께 나란히 부모님 앞에 인사하러 고향집에까지 찾아온 그가 고마워서 말을 잇지 못하고 눈시울을 적셨다. 정애는 눈물 짓는 엄마를 보면서 가슴이 먹먹해왔다. 말은 안했지만 나이가 마흔 살이 다 되어도 병 때문에 짝을 만나지 못하고 불편한 몸으로 혼자 사는 딸이 항상 안쓰럽고 눈물이 나서 잠이나 들면 잊을까. 몸 깊숙이에 남은 생채기처럼 지워지지 않는 아픔이 었는데 그런 딸이 결혼을 하게 되다니 엄마는 꿈만 같았다.

그는 점심을 먹고 서울로 올라오면서 그의 사무실에 지장이 없는 3월 마지막 주 토요일로 약혼 날짜를 정했다. 정애는 그동안 당당하게 혼자 살아왔지만 의외로 소심하고 나약한 면도 있어 혼자서 해결할 수 없는 어려운 일을 당할 때면 의논할 상대가 필요함을 느꼈다. 그런데 지금 그가 운전하는 차 안에 함께 있으니 의지가 되고 확실한 자기편이 생긴 것 같아 마음이 든든하고 기분이 좋았다. 정열적인 붉은 노을이 산마루 뒤로 천천히 자취를 감추고 있었다. 혼자서 보던 일몰이 둘이서 보니 더 아름답게 느껴졌다.

"그동안 왜 결혼할 생각을 안 했던 거요?"
"내 왼손을 사랑해 줄 사람을 못 만났어요."
"그런 사람을 찾아보기는 했고?"
"아니요. 남자가 장애가 있으면 헌신적으로 돌보아 주는 여성은 있어도 여자가 장애가 있는 경우는 희생할 남자가 없을 것 같았어요."
"정말 그럴까?"

"여자들은 모성본능이 있어서 불편한 남성과 결혼하는 경우가 가끔 있는데 남자는 여자보다 이기적이잖아요."

"육신은 영혼을 담은 그릇에 불과해요. 그릇이 깨어졌기로 하나님이 주신 영혼의 가치가 달라지지 않아요."

그는 희고 가녀린 정애의 왼손을 입으로 가져가서 손가락 끝을 하나씩 살짝 깨물었다. 처음에는 아픈 줄 몰랐는데 서서히 아파왔다. 그래도 말초부분을 자극하면 신경이 통할 것 같아 가만히 있었다.

"애들은 어떻게 해요? 애들도 아빠의 재혼에 대해서 의견이 있을 텐데…"

"애들은 나한테 맡겨요."

정애는 아무리 생각해도 딸들이 마음에 걸렸다. 쉽게 아빠의 결혼을 동의해 줄 것 같지 않았다. 정애는 부모님께 사실대로 그가 이혼했다는 소리는 못하고 사별했다고 거짓말을 해서 결혼 승낙을 받았기 때문에 마음이 꺼림칙했다. 부모님은 그가 이혼을 해서 애들 엄마가 하늘 아래 어딘가에 살고 있다면 그와의 결혼을 허락하지 않았을 것을 잘 알고 있었다.

고향집에 다녀온 뒤로 정애는 차근차근 약혼 준비를 했다. 인쇄

토기장이가 빚으신 간장종지

된 책도 제본까지 거의 마쳐서 이젠 출간 절차를 밟고 있기 때문에 그녀가 할 일은 없었다. 정애는 초혼이지만 그가 재혼이기 때문에 약혼 준비는 간소하게 하기로 했다. 약혼식장은 가족들이 이동하기에 좋은 시내 중심에 있는 호텔로 잡고 주례는 정애와 가깝게 알고 지내는 이 목사님이 하기로 했다. 예물로는 링 금반지 하나씩 교환하기로 하고 약혼식장에 그의 딸들이 오는 것은 정애의 집을 생각해서 모양새가 좋지 않다 하여 그만 두기로 했다.

서울에 진입하자 벌써 상가의 네온사인이 어두움을 밝히고 있었다. 점심 먹고 광한루를 구경하고 오느라 휴게실도 들리지 않고 왔기 때문에 정애가 사는 아파트 근처에서 저녁을 먹고 헤어졌다. 정애는 장거리를 당일로 다녀오느라 피곤했는지 집에 오자마자 씻지도 않고 침대에 쓰러지듯이 누웠다. 시간이 얼마나 흘렀을까. 전화벨이 울렸다. 잠결에 손을 뻗어서 수화기를 들었지만 그만 놓치고 말았다.

"여보세요, 여보세요, 여보세요?"
"……"
"여보세요, 여보세요, 여보세요?"
"……"

김 사장은 집에 오자마자 잠이 쉽게 들지 않아 정애가 잘 들어갔는지 확인하려고 전화를 했다. 여러 번 신호음이 울린 뒤에 정애가 받는가 하더니 이내 통화중 신호음만 들렸다. 그는 자정이 지난 시간인데도 불길한 생각이 들어 자동차 열쇠를 찾아 시동을 걸었다. 빨간 정지 신호까지 무시하고 정애 아파트 문 앞에 가보니 주먹이 들어갈 만큼 현관문이 열려 있는 것이 아닌가! 집안은 아무 일도 없는 듯이 고요했다. 정애가 자고 있을 안방 문을 여니 정애는 수화기를 놓친 채 고이 잠들어 있었다. 정애는 잠결에 인기척을 느꼈는지 눈을 떴다. 사무실에 있어야 할 그가 침대 곁에 서 있었다. 정애는 잠결에 겨우 눈을 떴다.

"어떻게 된 거요?"

"수화기를 들은 것까지는 생각이 나는데 그다음은 생각이 안 나요."

"오늘 많이 고단했나 보군. 이제 별일 없는 것을 확인했으니 괜찮아요, 침대에서 떨어진 줄 알고 내가 놀랬거든…"

정애는 장애인이 된 이후로, 보통 건강한 사람처럼 활동을 많이 하지 않고 사는 것은 인정하지만 당일에 부모님께 다녀온 것 때문에 녹초가 되어 현관문도 확인하지 않고 정신없이 들어와 잠이 든 자신의 허약함을 믿을 수가 없다. 그래도 그동안 자상하게 자신을 챙겨주는 사람이 없어 불안했는데 늦은 시간까지 찾아와서 챙겨주는 그가 한없이 고맙고 결혼을 하면 자신을 맡겨도 될 사람으로 믿음이 갔다.

집에서는 두 사람 다 나이를 먹을 만큼 먹었고 그가 초혼도 아닌데 굳이 약혼식을 해야 하느냐고 반대 의견이 있었지만 정애가

토기장이가 빚으신 간장종지

초혼이라서 모든 절차를 간소화해서 약혼식을 마쳤다. 그들의 약혼을 축복이라도 하듯이 전날까지 반갑지 않게 불던 변덕스런 꽃샘바람도 잠잠해져서 화창한 초봄 날씨였다. 이 목사님의 약혼 주례를 시작으로 그와 정애네 가족은 초혼과 재혼의 예식 자리이기 때문에 다소 어색했지만 서로 배려한 가운데 좋은 분위기 속에서 의식을 마쳤다.

그의 가족들보다 정애 가족은 더 상기 되어 있었고, 특히 부모님이 좋아하시고 진심으로 정애가 행복하기를 축복해 주었다. 정애는 그런 날이 오리라고 생각해 보지 못한 약혼식을 하나님과 가족들 앞에서 떳떳하게 하고 나니 자신을 지금까지 인도하신 주님의 은혜에 감사하고 새로운 삶에 대한 기대로 가슴이 벅찼다. 그는 정애를 태우고 그가 다녔다는 대학교 교정을 돌면서 함께 기념사진을 찍었다. 초봄이라서 교정 곳곳에 파릇파릇한 새잎들이 넓은 잔디 위와 나뭇가지 위에도 그들의 약혼을 축복이라도 하듯이 봉곳이 내밀고 있고, 노란 개나리꽃이 무더기로 여러 군데 피어 있었다.

정애는 약혼식을 마치자 그의 사무실에 가는 것이 조심스러워 특별한 일이 아니면 나가지 않았다. 그는 식을 마치자 마음의 안정을 찾았는지 더 열심히 사업에 전념했다. 정애와 식사를 같이 하자는 전화가 뜸할 만큼 업무가 바빠서 얼굴 보기가 어려웠다. 그날은 비가 오려는지 붉은 노을이 하늘을 가득 덮어서 서쪽 하늘이 온통 붉은 빛으로 색칠이 된 저녁때였는데 그가 오랜만에 정애

집에 와서 저녁을 먹겠다고 연락이 왔다. 정애는 여고와 대학생활 7년을 자취하면서 동생들과 함께 살았기 때문에 요리하는 것은 어렵지 않은데 지금은 왼손이 불편해서 한 손으로 음식 만든다는 것이 자신이 없었다. 그래서 더 결혼에 대한 꿈을 포기했다. 그래도 그날 저녁은 한 손으로 갖은 양념을 넣어 취나물을 무치고 된장찌개를 끓여서 정성스레 저녁상을 차렸다. 사랑하는 사람을 위해 마트에 들려서 힘들게 음식을 만드는데도 즐거웠다. 정애는 마흔이 다 되어서야 비로소 보통 평범한 여인네들이 느낄 수 있는 행복감에 젖었다.

"요즘 바쁘신가 봐요."
"마케팅을 하려니 쉽지 않구만."
"애들하고 얘기해 봤어요?"
"응, 작은딸 마음이 조금 열렸을 거요."
"다행이네요."
"내가 오래전에 읽은 일본 동화책에서 본 얘기를 해 주었거든."
"어떤 얘기인데요?"
"일본 어느 가정에 어린 소녀가 있었는데 그 소녀는 예쁜 인형을 모으는 것이 취미여서 여러 인형을 갖고 있었대. 그런데 어느 날 그 소녀가 아빠 앞에서 많은 인형을 자랑했어. 아빠는 그 여러 인형을 보면서 '이 중에서 네가 가장 좋아하는 인형이 어떤 거야?' 하고 물었지. 소녀는 '여기 있는 인형을 다 좋아하는데 가장 좋아하는 인형은 내 서랍장에 있어요.' '그래?' '어떤 인형인지 궁금한

토기장이가 빚으신 간장종지

데 아빠에게 보여줄 수 있니?' 소녀는 아빠를 서랍장 앞에 까지 같이 가더니 맨 밑에 서랍을 열었어. 거기에는 수건으로 덮어 놓은 인형이 누워 있었지. 소녀는 그 수건을 벗기더니 팔이 한쪽밖에 없는 인형을 아빠에게 보여줬대. 그러자 아빠는 '왜 이 인형을 좋아 하는 건데?' 하고 물었어. '으응, 애는 팔이 한쪽밖에 없어서 아무도 좋아해 주지 않아. 그래서 내가 사랑해 주는 거예요.' '그렇구나! 우리 딸이 이렇게 착한 마음을 갖고 있는지 아빠가 미처 몰랐네.' 하고 아빠는 딸이 기특하고 예뻐서 여러 인형을 사주었다는 얘기를 해 주었어. 그리고 이 선생 역시 아무도 사랑해 주지 않기 때문에 아빠의 사랑이 필요하다고 얘기해 주었어."

작은딸이 얼마만큼 이해를 했는지 모르지만 그의 이야기가 퍽 감동적이었다.

부끄러운
기억

약혼을 했지만 정애 삶이 특별히 달라진 것은 없었다. 여전히 그와 만나 식사를 하고 어느 연인이나 마찬가지로 식사를 마치면 커피를 마시며 궁금한 얘기를 나누었다. 한여름 동안 무성했던 가로수 푸라타나스와 은행잎이 조금씩 빛을 잃어가고 있는 초가을 저녁, 정애 생일에 발병한지 15년 만에 처음으로 그와 함께 데미무어 주연의 〈사랑과 영혼〉 영화를 보았다. 교회 나가고 처음 본 영화였다. 주제곡 unchained melody는 영화보다 미리 알려진 인기곡이어서 대학에 다니면서부터 아는 곡이라 작은 소리로 따라 불렀다.

남자 주인공 샘은 금융가이고 여자 주인공 몰리는 도예가였는데 두 사람은 서로 사랑하며 행복하게 살다가 샘이 강도의 습격을 받아 죽는다. 그러나 샘의 육체에서 분리된 영혼이 떠나지 못하고

토기장이가 빚으신 간장종지

지상에 남아서 사랑하는 몰리를 끝까지 보호하는 사랑 이야기였다. 몰리가 도자기를 만드느라 점토로 물레성형을 하고 있는데 샘의 영혼이 뒤에서 몰리의 허리를 감싸는 장면에서 심금을 울리는 영화 주제곡이 흘렀다.

oh, my love my darling 오! 사랑하는 그대여
I've hungered for your touch 정말 오랫동안 당신의 손길이 그리웠어요
A long lonely time 그런 외로운 시간은 너무 길었어요
And time goes by so slowly 시간은 너무 느리게 가더군요
and time can do so much 하지만 그런 시간 속에서 많은 것을 배웠어요
Are you still mine? 당신은 아직도 날 사랑 하시죠?
I need your love, 난 당신의 사랑이 필요해요
I need your love, 난 당신의 사랑이 절실하다구요
God speed your love to me. 신이여 당신이 날 사랑하도록 서둘러 주세요.

애절하게 주제곡이 흐르는데 오랫동안 잊고 지냈던 본능적이고 감각적인 달콤한 세상적인 사랑이 느껴져 정애는 그의 손을 슬그머니 잡았다. 정애는 주님을 만나고 주께 헌신된 삶을 살면서 좋아하던 세속적인 책과 음악을 멀리하고 TV 드라마 시청도 하지 않았다. 공부하느라고 가까이 할 시간도 없었다. 신학교에서 공부

를 하다가 주말에 서울에 올라가려고 고속버스 터미널로 가는데 상점 TV에서 들려오는 "사랑은 아무나 하나"를 반복하며 이름을 알 수 없는 남자 가수의 노래가 흥겹게 들려왔다.

정애는 노래 가사에는 관심도 없이 고속버스에 오르면서 '사랑은 누구나 하나를 하는 거지 둘을 하나?' 당연한 노래를 신이 나서 흥겹게 부른다고 생각할 만큼 그는 세상사에 관심이 없었다. 그 노래를 처음 들은 정애에겐 하나라는 의미가 doing으로 들리지 않고, one으로 들렸으니 난센스도 그런 난센스가 없어서 훗날 친구들과 배꼽을 잡고 웃은 일도 있다. 그렇게 세상 문화에 둔감하고 현실감각도 떨어진 정애가 그를 만나면서부터 인간적인 감정에 이끌려 이성을 잃고 사랑의 포로가 되어 그를 만났던 것이다.

아무런 진전 없이 약혼을 하고 3년의 세월이 지나갔다. 그가 결혼에 대해 입을 열지 않으니 정애가 미리 말을 꺼낼 수가 없어 눈치만 보고 있는데 어느날 갑자기 사무실 근처 카페로 나오라는 전화가 왔다.

"무슨 일 있어요?"
"혜린이가 학교에서 일을 내서 병원에 다녀오는 길이요."

그는 커피를 단숨에 들이 키고 커피 잔을 내려놓으면서 작은딸이 학교에서 면도칼로 동맥을 그었다고 했다. 다행히 상처가 깊지 않아 응급조치를 하고 왔다는 것이다. 정애는 가슴이 철렁 내려앉으면서 눈앞이 캄캄했다. '어린 것이 독하기도 하지' 그렇게 생각이 들다가도 '오죽 괴로웠으면 그랬을까? 더군다나 공부하는 학교에서….' 자신의 결혼을 방해하는 딸이 야속하기도 하지만 한창 엄마의 사랑과 돌봄이 필요할 때에 엄마 없이 사춘기를 보내고 있는 작은딸이 가여웠다. 문제는 그런 돌발 상황에서 그가 정애와 딸 사이에서 어떻게 지혜롭게 대처해 나갈지가 걱정이었다.

"어떻게 해요?"
"글쎄, 갑자기 당한 일이라 나도 난감하네."
"당분간 그 집에서 같이 지내야 되지 않겠어요?"
"그래야겠는데…"
"우리 생각은 말고 혜린이 잘 돌보세요."

정애는 생각지도 않은 일을 당하면서 혼자 살 때는 아무 걱정 없이 살았는데 가정을 이루기도 전에 겪어야 할 일들이 두려웠다. 주님의 뜻이 무엇인지 몰라서 그동안 쉬었던 새벽기도를 다시 나가기 시작했다. 처음에는 어떻게 기도를 시작해야 할지 막막하기만 해 3일은 멍하니 그냥 앉아만 있다가 돌아왔다. 처음 그를 만나서 확실한 응답을 받지 않고 자기가 원하는 대로 무응답도 응답이라고 합리화하고 그를 계속 만났던 것이 마음에 걸려 회개기도를 했다.

"상한 갈대를 꺾지 않으시는 주님, 병든 제 인생을 불쌍히 여겨 주시고 긍휼을 베풀어 주소서! 부패한 본성과 정욕에 이끌려서 전심으로 주님 앞에 나가지 못했음을 회개합니다. 주께서 십자가에서 흘리신 보혈의 피로 말갛게 깨끗이 씻어 주셔서 정직한 영으로 새롭게 하시고 선한 길로 인도해 주소서!"

정애는 그를 처음 만났을 때를 생각했다. 하와가 에덴동산에서 생명나무에 달려있는 선악과를 보고 뱀의 유혹을 받았듯이 그 역시 보암직도 하고 먹음직도 하고 지혜로울 만큼 탐스러웠다. 정애는 외로운 마음에 그가 좋은 감정을 갖고 다가오자 인간적인 생각이 앞서 주님의 음성을 기다리지 못하고 그의 친절에 응했던 어리석은 자신을 돌아보았다. 정욕에 눈이 어두워서 판단력을 잃고 부모님께 거짓말까지 하여 약혼식을 올린 일을 생각하니 그와의 만남이 처음부터 잘못되었음이 깨달아졌다. 그동안 주님을 만나고 주님 뜻대로 살고 있다고 믿고 살았지만 언제부터인지 습관적인 종교인이 되어 있었고, 경건의 모습은 있지만 경건의 능력 없이 무능한 크리스천의 삶을 살고 있었던 것이다.

오직 각 사람이 시험을 받는 것은 자기 욕심에 끌려 미혹됨이니 욕심이 잉태한즉 죄를 낳고 죄가 장성한즉 사망을 낳느니라 야고보서 1:14~15

정애는 영적으로 사망에 이르기 전에 그를 끝내야 했다. 주님은 악에게 시험을 받지 않고 아무도 시험하지 않으시는 분이시니 주님 앞에 회개하고 백기를 들 수밖에 없었다. 하나님은 공의로우신 분이고 정확하시기 때문에 주님이 하시는 일은 실수가 없으심을 믿는 정애였다.

여호와여 주는 의로우시고 주의 판단은 옳으니이다 주께서 명령하신 증거들은 의롭고 지극히 성실하니이다 시편 119:137~138

　세상적으로 볼 때에 모든 조건을 갖추고 있으면서도 장애 때문에 남들처럼 결혼하지 못하고 사는 것이 마음이 아프고 자존심이 상해 아예 그녀의 인생에 결혼할 계획이 없었다. 그러던 정애 인생에 그가 개입하여 약혼까지 하고 나니 정애는 세상을 다 얻은 것처럼 기쁘고 행복했는데 작은딸로 인해서 그와 있었던 일을 그만 둘 생각을 하니 남의 얘기하기 좋아하는 친지들과 교회 식구들에게 얼굴을 들 수 없을 것 같아 괴로웠다. 정애는 장애가 있지만 지금까지 살아오면서 자신에게 엄격할 정도로 조심하며 주 안에서 살아왔는데 그의 인생에 큰 오점을 남기고 집안의 수치와 같은 파혼으로 가족들은 물론, 사돈에 팔촌까지 알려져 부모님이 당할 아픔을 생각하니 자신이 받은 상처보다 더 마음이 아팠다. 딸이 결혼하는 것을 부모님이 더 좋아했는데….
　그는 끝내 작은딸의 이해를 받아내지 못하고 정애와의 결혼을 다시 생각해 보자고 했다. 정애에게 찾아온 꿈같았던 행복이 이제 위기로 다가오고 있었다. 정애는 그를 잃으면 가정을 이루고 싶은 꿈은 사라지고 앞으로 아무도 사랑할 수 없을 것 같아 그를 붙잡고 그의 보호 속에서 살고 싶은 마음뿐이었다. 그러나 작은딸을 통하여 주께서 막으시는 것을 알고 있으면서 고집을 부릴 수는 없었다.

"이 선생, 미안해서 어떻게 말을 해야 할지⋯ 나도 결정하는데 무척 힘이 드네. 자식 일이라서 내 욕심만 차릴 수도 없고⋯."

"⋯⋯."

마음의 준비는 하고 있었지만 생각보다 빨리 그 소리를 듣게 된 정애는 뒤통수를 한대 얻어맞은 것처럼 참을 수 없는 실망과 분노가 치밀면서 가슴 한편으로 바람이 지나가는 듯한 서늘함이 쓸쓸하게 다가왔다. 말씀을 묵상하면서 주님의 도우심으로 이겨내려 하는데도 주체할 수 없는 눈물이 하염없이 흘러 내렸다.

부당하게 고난을 받아도 하나님을 생각함으로 슬픔을 참으면 이는 아름다우나 죄가 있어 매를 맞고 참으면 무슨 칭찬이 있으리요 그러나 선을 행함으로 고난을 참고 참으면 이는 하나님 앞에 아름다우니

베드로전서 2:18

왜 자신에겐 남들처럼 평범한 가정을 갖고 사는 것이 허락되지 않는 것일까? 하나님은 자녀들을 당신 뜻에 따라서 가장 최선의 길로 인도하는 분이신데 왜 이렇게 힘들게 하시는지 정애는 자기 잘못은 생각지도 않고 하나님께 화가 났다.

이는 내 생각이 너희의 생각과 다르며 내 길은 너희의 길과 다름이니
라 여호와의 말씀이니라 이사야 55:8

말씀을 묵상하면 하나님 생각과 자신과의 생각이 다르기 때문
에 욕심을 내려놓고 주님의 뜻에 순종해야 하는 것이 분명했다.
그러나 주님의 뜻을 알면서도 마음을 정리하기란 쉽지 않았다.

꿈꾸는

정애는 처음 발병했을 때 엄마가 보았다는 당화주(그림사주)가
생각났다. 엄마가 처음 본 그림은 만경창파에 돛단배가 떠 있어
그의 삶이 외로울 것이라고 했고, 두 번째 본 그림은 돌로 쌓은 탑
앞에서 여러 명의 여인들이 한복을 입고 탑을 돌고 있는데 정애만
은 합장을 하고 무릎을 꿇고 앉아 있어 어느 종교를 갖든 구도자
의 길을 갈 것이라고 사주쟁이가 말했다고 했다. 정애는 어느 목
사님 설교 말씀 중에서 예수를 믿으면 팔자도 바뀐다는 말씀처럼
예수를 믿고 보란 듯이 외로운 자신의 사주를 바꾸고 싶었다.
　정애가 젊고 건강했을 때는 남들과 같이 결혼해서 아이를 낳
고 키우면서 남편에게 내조하고 사는 평범한 여자들에 대하여 회
의적이었다. 그런 정애는 능력을 갖추어서 캐리어 우먼으로 당당
하게 혼자 살아보리라고 생각했던 적이 있다. 그러나 지금은 장애
의 몸으로 중년을 향해 가면서 철없었던 생각이었음을 깨닫고 가
장 평범한 것이 진리이며 무엇보다도 사랑하는 남녀가 만나 가정

을 이루는 것이 하나님의 창조 질서임을 깨닫고, 자신도 남들처럼 가정을 갖고 가족을 사랑하며 도움도 받고 평범하게 살고 싶었다. 무엇보다도 불편한 몸이기 때문에 가족의 사랑과 보호가 더 필요했다. 병이 나지 않았으면 사랑하는 사람과 이별의 아픔도 없었겠지만, 아니 아프지만 않았다면 그런 이별의 아픔이 있은들 떳떳하게 독신으로 살아가련만 그러나 지금은 장애 때문에 파혼이 된 것 같아 누구에게도 말도 못하고 혼자서 가슴앓이를 하려니 그 비통함이란 이루 말할 수가 없다.

그로부터 오는 연락이 뜸해지기 시작했다. 정애는 딸들과의 관계가 어떻게 진행되어 가는지 궁금하기도 하고 그가 보고 싶었다. 그러나 전화를 하거나 사무실로 찾아가는 것은 자존심이 허락하지 않아 연락하지 않았다. 그런 일이 있은 후에 그가 스무 살이나 연하인 조선족 여성과 결혼한다는 소식을 출판사 여직원으로부터 들었다. 믿는 도끼에 발등 찍힌다는 말이 이럴 때를 두고 하는 말인가. 작은딸 때문에 기대했던 약혼도 포기하고 주님의 뜻으로 믿고 힘들게 살아가는 정애는 당혹감과 배신감에 어떻게 해야 할지 가슴이 떨렸다. 어디서 어디까지가 진실이고 거짓인지 혼란스러웠고 그동안 자신에게 보여준 따뜻한 마음은 위선을 가장한 선행이었는지 알 수 없었다. 그와의 관계가 이미 끝난 일이어서 확인하고 싶지도 않았다.

베드로가 주님께 나와서 "주여! 내 형제가 내게 범죄 하면 몇 번이나 용서하여 주리이까" 물었을 때 "일흔 번씩 일곱 번"이라도 용서하라고 하셨는데 도저히 용서가 되지 않았다. "죄는 미워해도 사람은 미워하지 말라"라고 했건만 끝내 딸을 내세워서 파혼을 하고 무책임하게 젊은 여성과 결혼을 한다니 그가 가증스럽고 이해할 수가 없었다. 정애의 마음속에는 선과 악 두 마음이 싸우고 있었다. 성경에는 만물보다 거짓되고 심히 부패한 것이 마음이라더니(예레미야 17:9) 정말 사람의 마음을 알 수 없었다.

아무에게도 악을 악으로 갚지 말고 모든 사람 앞에서 선한 일을 도모하라 할 수 있거든 너희로서는 모든 사람과 더불어 화목하라 내 사랑하는 자들아 너희가 친히 원수를 갚지 말고 하나님의 진노하심에 맡기라 기록되었으되 원수 갚는 것이 내게 있으니 내가 갚으리라고 주께서 말씀하시니라 로마서 12:17~19

매사에 분명하게 처신을 하는 정애는 실속 없는 감정에 속아 자신의 운명을 걸었던 어리석음이 후회와 함께 밀려왔다. 하지만 일을 크게 만들고 싶지는 않았다. 크게 만들어 봐야 자신의 어리석음만 드러나는 셈이리라 생각했다. 오히려 정욕에 눈이 어두워서 사단의 꼬임에 넘어간 그의 영혼이 불쌍했다. 그래도 정애는 자신의 잘못을 안고 하나님과의 관계를 바르게 회복하기 위해 무책임한 그에게 전화를 했다. 한때는 목회도 하고 하나님 앞에서 약혼 언약까지 한 사람이 신앙 양심은 어디로 가고, 3년 만에 다른 젊은 여성과 결혼을 한다니 그의 마음을 헤아릴 수는 없지만 몰래 결혼한다는 사실을 알게 되니 얄미운 생각이 들었다.

"도둑장가를 가시나 본데 어떻게 된 거예요?"

"……"

정애는 그의 결혼을 축하는 못해 주더라도 자기에게 준 상처를 용서하는 마음으로 전화를 했다.

"어떻게 하다 보니 그렇게 됐는데 미안하오. 앞으로 어려운 일 있으면 연락주고…"

마지막 양심은 남아 있었나 보다. 누가 누구를 도와준다고 연락하라는 것일까. 역시 자신을 동정의 대상으로 보고 있는 것 같아 연락을 안 할 때 보다 더 기분이 나빴다. 하지만 사랑은 허다한 죄를 덮는다 하였으니 정애는 용서할 수가 없어도 성령의 도우심으로 그를 향한 분노와 미운 감정을 정리하고 용서하는 마음으로 전화를 끊었다.

그가 시험을 받아 고난을 당하셨은즉 시험받는 자들을 능히 도우시느니라 히브리서 2:18

목회자도 인간이니까 이해하려고 애썼지만 이해도 안 되고 용서는 더욱 힘들었다. 그러나 성령의 강권적인 도우심으로 용서를 하고 나니 이제 하나님과의 관계도 막히지 않고 기도할 수 있어서 편안하고, 각 사람의 행위와 그의 행실대로 보응하시는 하나님께

토기장이가 빚으신 간장종지

맡기고 나니 주님께서 정애의 앞길을 선하게 인도해 주시리라는
확신으로 기대가 되었다.

> 진실로 너희에게 이르노니 무엇이든지 너희가 땅에서 매면 하늘에서
> 도 매일 것이요 무엇이든지 땅에서 풀면 하늘에서도 풀리리라
> 마태복음 18:18

정애는 자신의 약혼이 깨진 것을 알고서 지인들이 손가락질을
하며 비웃는 것 같아 외출을 할 수가 없었다. 우선 부모님께 죄송
하고 형제들에게 미안해서 애꿎은 장애 탓만 하고 두문불출했다.

"그 일이 사실이라면 결혼 전에 깨진 것이 다행이다. 네 마음은
아프겠지만…"

"괜찮아! 너무 슬퍼하지 마라. 세상 살다 보면 그런 일도 일어
날 수 있지, 누구는 결혼식 잘하고도 파혼하지 않더냐. 다 개인 사
정이 있는 거고… 결혼은 서로 인연이 닿아야 하는 법이다."

"결혼이 그렇게 쉽지 않은 건데 어쩐지 일이 잘 풀린다 했다."

가족들은 모두 정애가 가여워서 위로를 했지만 그의 귀에 들어
올 리 만무했다. 정애는 그 나이까지 불편한 몸으로 자기관리를
잘하면서 살았는데 왜 이런 시련의 아픔을 겪어야 하는지 주님의
뜻을 이해할 수가 없어 기도할 힘마저 잃었다. 그러나 하나님께서
일하심을 어찌 피조물인 인생이 알 수 있겠는가. 하나님의 뜻을

알 수는 없지만 끝까지 원망하지 않고 믿음으로 순종할 때에 더 위대한 역사를 이루신다는 목사님 말씀이 위로가 되었다.

자식이 없던 아브라함에게 100세에 귀한 아들 이삭을 주시더니 그 아들을 제물로 바치라고 한다(창세기 22:1~19). 또 사르밧 과부에게는 이제 마지막으로 먹고 죽을 가루 한 움큼과 기름 조금 밖에 없는데 그 재료로 하나님의 사람 엘리야를 대접하라고 한다(열왕기상 17:8~14). 마찬가지로 요셉과 다니엘, 욥은 아무 잘못이 없는데도 고난을 받았다. 이런 말씀은 정말 우둔한 사람의 머리로는 이해할 수가 없다.

신구약 성경 66권 안에는 이성적으로 이해할 수 없는 이런 사건이 비일비재하다. 어떻게 보면 신묘막측한 하나님의 뜻을 무지한 인간이 이해하려고 한다는 자체가 교만이라는 생각이 들었다. 땅에서 어떻게 하늘의 뜻을 헤아려서 알겠는가. 피조물인 인간이 어떻게 창조주 하나님의 선하신 뜻을 분별할 수 있겠는가. 선하시고 인자하신 하나님을 사건 자체로만 보면 하나님은 정말 인정 없고 변덕스럽고 야박스러운 별난 분으로 밖에 볼 수가 없다. 그러나 당신의 선한 뜻을 이루시는 데는 사람의 머리로는 도저히 이해가 되지 않아도 순종하고 나면 변장된 축복으로 다가온다는 믿음을 갖고 아픔을 이겨냈다. 순종은 이해되지 않아도 따르는 것이 믿음이라는 목사님 말씀도 생각났다. 새벽기도에 가서 찬양을 부르는데 두 눈에 하염없이 눈물이 흘렀다.

1. 너 예수께 조용히 나가/ 네 모든 짐 내려놓고
   주 십자가 사랑을 믿어/ 죄 사함을 너 받으리라
2. 주 예수의 은혜를 입어/ 네 슬픔이 없어지리
   네 이웃을 늘 사랑하며/ 너 받은 것 거저 주라
3. 주 예수를 친구로 삼아/ 늘 네 옆에 모시어라
   그 영원한 생명 샘물에/ 네 마른 목 축이어라
4. 너 주님과 사귀어 살면/ 새 생명이 넘치리라
   주 예수를 찾는 이 앞에/ 참 밝은 빛 비추어라

/ 후렴 /

주 예수께 조용히 나가/ 네 마음을 쏟아노라
늘 은밀히 보시는 주님/ 큰 은혜를 베푸시리

정애는 예수님이 고통을 받으시고 기력이 다하여 십자가를 힘
들게 지고 가실 때에 구레네 사람 시몬에게 대신 십자가를 지웠던
말씀이 생각났다. 시몬은 어쩔 수 없는 의무감 때문에 억지로 주
님의 십자가를 지고 골고다 언덕까지 올라갔다(누가복음 23:26). 구
레네 시몬은 억지로라도 주님의 말씀에 순종해서 십자가를 짐으
로써 결국은 그의 아들, 루포가 바울 사도의 거룩한 동역자로서
끝까지 하나님 앞에 쓰임 받았음을 깨닫고, 정애는 그 말씀에 위
로를 받았다(마가복음 15:21, 로마서 16:13). 정애는 사람의 생각으로는
그가 용서되지 않지만 은혜로 용서한다고 입으로 시인하고 기도
하고 나니 마음이 평안했다.

그런 시련을 통하여 하나님만 신실하신 분이시고, 인간끼리의 사랑이나 약속은 믿을 수 없다는 깨달음과 함께 주님은 다시 한번 정애의 자존심을 꺾고, 세상적인 미련을 포기하게 하시고 장애인 사역자로서 온전한 헌신을 요구하셨다.

약혼이 깨져서 아파하는 가운데 주님은 그의 신앙인격을 만지셔서 당신 뜻대로 내면의 잘못된 성품을 부수고 다듬고 계셨다. 자신의 판단을 믿고 정죄하며 상대방의 아픔을 품지 못한 원칙주의와 완벽주의 성격을 내려놓게 하시고, 상처를 받은 자가 상처받은 자를 회복시킬 수 있듯이 정애는 더 차원 높은 이타적인 성숙한 사람이 되어 장애인 사역자로서 온전한 헌신을 했다. 그런 복잡한 상황 속에서도 흔들리지 않고 장로교회에서 사랑부 장애인 사역에 전념하며 더 낮아진 자세로 겸손하게 장애인들을 섬기는데 장애아를 둔 부모님들의 아픔을 볼 때면 엄마의 모습이 오버랩되어 그들의 아픔에 함께했다. 그들을 위해 특별하게 한 일은 없지만 함께 고민하고 기도하며 함께했던 사역이 이 땅에서 아름다운 하나님 나라를 이루어가듯 행복했다.

정애는 늦었지만 사회복지 양성과정 시험에 붙어서 면접을 볼 때도 면접관이 왜 사회복지를 50이 넘어서 뒤늦게 지원했냐는 질문에 발달장애인들은 홀로 설 수 없기 때문에 그들 곁에서 그들의 필요를 도우며 복음을 전하여 구원받게 하고, 부족하지만 그들에게 힘이 되어 주고 싶어서 왔다고 대답했다. 교수님이 그 말을 잊지 않고 사적인 자리에서 장애인에 대한 열정이 뜨겁다고 지지해주었다. 정애가 예수를 믿고 변했다고는 해도 아직도 남아있는 이

기적이고 자기중심적인 죄성을 하나님은 그런 시련을 통하여 다시 깨닫게 해 겸손케 하시고, 자신과 다른 사람도 포용할 수 있는 온정적인 사람으로 만들어 가고 있었다. 그 일이 있기 전에는 흠이나 허물 있는 사람을 쉽게 받아들이지 못하고, 자신과 다른 사람으로 여겨 가깝게 지내지도 않았는데 그 일 후에는 관용과 배려심을 배우고 타인의 상처를 보듬을 줄 아는 넉넉한 사람으로 아픔만큼 성숙해져 가는데 그동안 무심히 읽던 정호승님의 따뜻한 시가 가슴에 와 닿았다.

나는 그늘이 없는 사람을 사랑하지 않는다
나는 그늘을 사랑하지 않는 사람을 사랑하지 않는다
햇빛도 그늘이 있어야 맑고 눈이 부시다
나무 그늘에 앉아
나뭇잎 사이로 반짝이는 햇살을 바라보면
세상은 그 얼마나 아름다운가
나는 눈물이 없는 사람을 사랑하지 않는다
나는 눈물을 사랑하지 않는 사람을 사랑하지 않는다
나는 한 방울 눈물이 된 사람을 사랑한다
기쁨도 눈물이 없는 기쁨이 없다
사랑도 눈물이 없는 사랑이 어디 있는가
나무 그늘에 앉아
다른 사람의 눈물을 닦아주는 사람의 모습은
그 얼마나 고요하고 아름다움인가

부모님
사모곡

갑자기 아버지가 쓰러졌다고 직장으로 전화가 왔다. 결혼을 하지 않고 혼자 살고 있는 정애에게 아버지는 남편과 같이 의지가 되는 든든한 존재였다. 병이 나서 40년이 넘도록 매달 한 번씩 서울에 오셔서 한 손으로 할 수 없는 전기선을 자른다든지 잇는다든지 하여 고치거나, 물건을 옮기는 일 등 혼자서는 할 수 없는 일들을 3, 4일 동안 서울에 머물면서 확실하게 해놓고 고향집으로 내려가곤 했다. 아버지는 맥가이버처럼 만능 기술사였고 엄마는 우렁각시처럼 반찬이며 바느질을 깔끔하게 해결해 주셨다. 두 분은 팔순이 넘어서도 정애에게 여러 가지로 도움이 되었다. 불편한 몸으로 살다 보니 작은 아파트지만 손 볼 곳이 많았다. 부모님은 정애가 지금까지 살아온 힘이요 이유였다.

오랜 세월 살아오면서 울타리요 버팀목이었던 아버지가 쓰러지

토기장이가 빚으신 간장종지

다니 눈앞이 캄캄해지면서 온몸에 힘이 빠졌다. 아버지 영혼구원을 위해 정애는 물론, 미국에 있는 막내 여동생까지 30년을 넘게 엄마와 함께 기도하며 전도를 해도 아버지는 쉽게 마음을 열지 않았다. 정말 하나님의 특별하신 섭리가 아니면 주님을 영접하지 않을 것 같이 복음을 전하면 완강하게 거부해서 아버지는 택함 받지 않은 영혼처럼 불쌍한 생각이 들었다. 정애가 전도를 하면 항상 같은 애기로 말문을 막았다.

인공 때(6. 25사변)에 인민군들과 같이 트럭을 타고 산길을 지나가는데 바퀴 하나가 빠져 산 밑으로 굴러가는 바람에 차가 서자 그것을 아버지에게 주워 오라고 했단다. 아버지는 산 밑으로 주우러 내려가는 동안에 그들이 뒤에서 총을 쏴서 죽일 것 같은 불안한 생각이 들었다고 했다. 아버지는 겁이 나고 무서움에도 그 바퀴를 주워 왔더니 수고했다고 하며 잘해 주었다는 말을 하면서 그때 선영이 살려주었다고 절대적으로 복음을 받아들이지 않았다.

"아버지! 그건… 선영이 도와준 것이 아니라 하나님이 그 인민군들 마음을 움직여서 아버지를 지켜 주신 거예요."
"조상 묘를 잘 써서 선영이 나를 살려 준 거라니까."
"그게 아니에요 아버지! 우리의 생사화복은 하나님이 주관하시고 전적으로 그분이 섭리하시는 거예요."

아버지는 딸의 애기를 조금도 들으려 하지 않고 막무가내로 당신 말이 옳다고 그 일에 대해서는 오랫동안 요지부동이었다.

정애 둘째 형부가 30년을 넘게 근무하던 직장에서 은퇴를 하고 쉴 때에는 정애의 아버지 연세가 84세였다. 형부는 장인을 모시고 4박 5일 동안 노익장을 자랑하며 일본 여행을 건강한 몸으로 잘 다녀오고, 그다음 해에는 중국여행을 다녀왔는데 이번에는 무리가 되었는지 다녀와서 앓아 누우셨다.

"정애야! 아버지가 이번에 중국에 다녀와서 힘이 많이 들었는지 병원에 입원했다."
"엄마! 교회 목사님께 말씀드려서 심방을 받으세요."
"그래야것다. 근데 아버지가 허락 할랑가 모르것네…"
"일단 엄마가 믿음을 갖고 아버지를 위해서 기도하고 목사님께 알려 기도해 달라고 하세요."

엄마가 목사님께 심방을 부탁해 목사님이 오셔서 누가복음 15장 "기다리시는 아버지의 사랑"에 대한 말씀을 전하고 기도했다.

"어르신, 몸이 회복되시면 교회에 꼭 나오세요. 기다리겠습니다."
"목사님! 내가 교회 나가면 받아 줄랍니까?"
"아이고 어르신, 무슨 말씀이세요. 대환영이지요."
"고맙습니다."

토기장이가 빚으신 간장종지

보름쯤 지나서 아버지는 몸이 웬만큼 회복되자 엄마와 함께 교회에 나갔다. 교회에서 새 신자들에게 점심을 준비해서 대접했는데 아버지는 시골 노인들과 다르다는 우월감과 양반 체면 때문에 경로당도 나가지 않은 분인데 그날은 교회 밥을 잘 드시고 목사님 장로님 새 신자들 앞에서 감사의 말씀도 잊지 않았다고 했다. 울먹이며 감사의 말씀을 전하는 그날의 아버지는 정애가 생각하는 복음을 완강하게 거부한 아버지가 아니었다.

"고맙습니다. 처음 나온 사람에게 이렇게 극진히 대접을 해주어서 교회와 목사님께 정말 감사합니다."

심신이 약해져서 언제 세상을 떠날지도 몰라 낙심되었던 아버지는 따뜻하게 손을 잡아주며 진실로 사랑스럽게 반겨주는 교인들이 고마워 교회에 잘 나왔다고 생각했다. 그 후부터 서울에 올라오신 날 외에는 한 주일도 빠지지 않고 성수주일 하시고, 주일 아침이면 성경책이 든 가방을 들고 엄마보다 앞장서서 집을 나설 만큼 교회를 사모했는데 근래 들어서는 목사님이 손을 내밀면 손에 더 힘을 주어 악수를 했다고 한다. 그 연세까지 듣도 보도 못한 중국 문화를 접하고, 시간 시간 여행객들과 이동하는 차를 어떻게 제 시간에 맞추어서 타고 내렸는지 상상할 수가 없다. 그래도 병이 나지 않고 잘 돌아왔으니 감사했다.

아버지는 이번 여행길에서 타국에서 죽을 수도 있다는 위기감을 느꼈다. 여행 셋째 날, 만리장성 관광코스에서 케이블카를 탔는데 고지에서 케이블카가 갑자기 서는 바람에 아버지는 무척 놀라고 당황했다. 왜 그렇지 않았겠는가. 노인들은 객사도 원치 않은데 그것도 타국에서 비명횡사할 생각을 하니 난감했으리라! 만감이 교차됐을 건 뻔하다. 스님도 단단하게 얼어붙은 강을 건너다가 "찌~익" 하고 얼음이 갈라지면 하나님을 찾는다고 하지 않은가.

어쨌든 아버지는 그 순간을 모면하고 서울에 와서 사 갖고 온 선물들을 기분 좋게 자녀들에게 나누어 주고, 함께 나이가 들어가고 있는 처남들에게도 식사대접을 하고 고향으로 내려갔다. 뒤에 안 사실이지만 만리장성에 있는 케이블카는 낡고 닳아서 올라가다가 가끔씩 선다는 것이다. 그런데 아버지는 아무런 선지식이 없었던지라 놀랄 수밖에. 정애는 잠시 하나님께서 아버지에게 죽음을 생각할 수 있는 기회를 주어 주님 앞으로 나오도록 역사하셨다는 사실이 놀랍고 감사했다.

아버지는 교회 나가면서부터 저녁마다 손을 합장하고 달을 보고 조상에게 기도하는 것을 하지 않았다. 9시가 되면 저녁마다 기도는 여전히 했지만 이제는 기도의 대상이 하나님으로 바뀌어서 피조물인 달을 보고 하는 것이 아니라 창조주 하나님께 정성스럽게 기도하는 사람이 되었다. 일찍 저녁 식사를 마치고 나면 대문 앞 골목에 나아가 교회 앞까지 가서 기도하고 들어와서 발을 담그고 TV 9시 뉴스를 보면서 노트북에 깔려있는 카드놀이를 하는 것이 일상이었다.

P시에서 대학교수를 하는 큰 사위가 치매 예방에 카드놀이가 좋다고 노트북에 카드놀이를 깔아 주었다. 카드놀이는 아버지의

노년에 유일한 오락이며 즐거움이었다. 쓰러진 그날도 엄마랑 둘이서 저녁 식사를 마치고 늘 하던 대로 교회 주변을 돌려고 지팡이를 짚고 나가다가 마당에서 쓰러진 것이다. 오랜 세월 동안 부모님이 매달 서울에 올라 왔는데 이번에는 겨우내 추워서 다섯 달 동안이나 서울에 올라오지 못했다. 날씨도 추웠지만 두 분의 기력이 예전 같지 않아 움직이는 것이 힘들었다.

⁕

만물이 소생하는 4월이 오니 개나리, 진달래, 목련꽃이 꽃망울을 터뜨리는 따스한 봄기운이 고향집 앞마당에도 포근하게 내려앉았다. 엄마 생신이 돌아오는 주일이기 때문에 두 분은 주말에 서울에 올라가서 자식들 만날 생각으로 어린애들처럼 들떠 있었다. 엄마는 금요일에 서울로 택배를 미리 보내고, 토요일에 올라가서 받으려고 분주하게 월요일부터 시장을 두 번이나 다녀와서는 김치를 담그고 맛 나는 멸치 두 상자를 사서 아버지랑 세 봉지나 까놓고 간장 된장 고추장 참기름 미역 북어… 생각나는 대로 박스에 차곡차곡 챙겨 넣는 엄마에게 아버지가 말씀하셨다.

"이번에 마지막으로 정애네 집에 다녀와야것어. 아까 은행에 가서 여비 30만 원 찾아왔구만."
"이번에는 얼마 만에 가는 거지?"
"작년 11월에 정애 도배한 거 보러 갔다 왔으니까… 벌써 다섯 달이나 됐네."

두 분은 매달 다니던 서울을 다섯 달 만에 올라가려니 자녀들 만날 생각에 흥분이 되어 있었다. 아버지는 당신의 건강이 다한 것을 예감했는지 마지막이란 단어를 썼다. 가끔씩 머리에 통증이 오고 기력이 쇠약해져 가고 있음을 느꼈다.

정애는 엄마의 전화를 받고도 믿어지지 않았다. 아버지는 J시 의료원 응급실 침대 위에 산소호흡기와 혈압기 등 손과 발에 서너 개씩 줄을 달고 주무시는 것처럼 의식 없이 누워 있었다. 정애는 아버지 손을 꼬옥 붙잡고 청각이 가장 오래까지 남아 있다는 사실을 알고 있기에 아버지 귀에 바짝 대었다.

"아버지! 정애에요, 제 소리 들리면 손을 꼬옥 쥐어보세요."

아버지는 손을 꼬옥 쥐더니 살며시 놓았다. 더 이상 힘이 주어지지 않았다. 노구지만 176센티미터 키에 살집도 좋았던 아버지가 환자복으로 갈아입고 침대 위에 누워 있는 것을 보니 90평생 동안 오직 자식들을 위해서 성실하게 살아온 아버지의 덧없는 세월이 스쳐 지나갔다. 정애는 무엇보다도 아버지가 늦게나마 예수님 믿고 주님 품으로 가는 것이 눈물 나게 고맙고 감사했다. 얇은 홑이불 사이로 아버지의 예쁜 발이 보였다. 남자 발 치고는 작고 고운 발이었다. 발뒤꿈치는 흰 차돌맹이처럼 동그랗고 매끈매끈 했다. 당뇨가 있는 아버지는 저녁마다 하루도 빼지 않고 발을 깨끗하게 씻었는데 작년에 서울에 왔을 때도 발을 씻고 나온 아버지에게 정애는 말했다.

"와! 아버지 발이 아가씨 발처럼 작고 예쁘네."
"그러냐. 어디 그럼 네 발은?"

정애도 40년 넘게 굽이 있는 딱딱한 구두를 신지 않은 발이라 자신 있게 아버지 앞으로 내밀었다가 한바탕 웃었던 기억이 났다.

"네 발은 짚새기다 야!"

고향 의료원 응급실에서 위급하다고 해서 도청소재지 더 큰 병원인 J시 의료원 응급실로 옮겨진 것이다. 간호사가 환자복으로 갈아입히는데 와이셔츠 호주머니 안에서 나왔다고 30만 원을 건네주었다. 5만 원권 지폐 6장이 노란 고무줄에 묶인 채 주인을 떠나 정애에게 건네졌다. 아버지는 은행에서 나흘 전부터 돈을 찾아 호주머니에 넣고서 서울에 올라가 자식들 만나기를 기대하며 좋아했을 아버지 사랑이 생각나 눈물이 났다.

아버지가 쓰러지자 90세 동갑인 엄마만 곁에 있었다. 조금 전까지만 해도 아버지와 식탁에 마주 앉아 저녁식사를 잘하고는 갑작스럽게 당한 일이라 엄마는 가슴이 떨려서 무엇부터 어떻게 해야 할지 아무 생각도 못했다. 119를 부를지도 몰라 J시에 사는 큰딸이 시외전화로 신청을 하고, k시에 살고 있는 넷째 딸에게 떨리는 목소리로 급하게 연락을 했다. 환자는 분초를 다투는 것인데 119를 타고 함께 응급실에 갈 보호자가 없었다. 8남매를 낳아서 고스란히 키웠지만 정작 응급차를 타고 아버지 가는 길에 함께 할 자식은 아무도 곁에 없었다.

아버지가 아는지는 모르지만 손잡아 주는 자식 하나 없이 응급차에 실려 가는 마지막 길이 얼마나 외롭고 쓸쓸했을까! 광주 여동생이 고향에서 사는 시동생에게 전화를 해서 119에 동승을 부탁해 병원 중환자실로 옮겨져 일주일 동안 보고 싶은 친지들의 문안을 받으시고 세상으로 소풍 나왔던 길을 돌아 하늘에 계신 아버지 품에 안겼다.

정애 나이 60이 넘어서 처음으로 시신을 보았다. 사람이 나오는 것은 순서가 있어도 가는 것은 순서가 없다는 얘기가 있지만 감사하게도 정애 가정은 세상에 나온 순서대로 아버지가 먼저 세상을 떠났다. 시신이 나오고 염습鹽襲을 했다. 궁중염이라고 했다. 아버지는 장례사가 몸을 여기저기 닦느라고 이리저리 돌아 눕혀도 순한 아기처럼 아무런 저항 없이 그대로 움직였다. 호흡이 끝나니 인생이 아무것도 아니었다. 염습을 다 마치자 아버지와 마지막으로 인사를 하라고 했다. 자녀들은 수의를 입고 반듯하게 누워있는 아버지 손을 잡고 훌쩍이며 한 바퀴를 돌아 나왔다. 정애 차례가 되었다.

"아버지! 천국에 미리 가셔서 기다리세요. 아버지가 예수님 믿어서 우리가 천국에서 만나볼 수 있어 너무 좋아요. 고통 없고 눈물 없고 아픈 것이 없는 천국에 먼저 가셔서 편안히 잘 계세요."

토기장이가 빚으신 간장종지

아버지를 실은 영구차는 철쭉꽃이 만발한 꽃길을 따라서 선산에 하관하는데 비가 오려는지 봄바람이 신기하리만치 훈훈하게 주변을 맴돌며 감쌌다.

✿

정애 아버지는 어려서부터 서당 훈장이었던 할아버지 밑에서 학습을 받고 자랐다. 제사 때마다 가느다란 붓글씨로 지방紙榜을 쓰는 실력이 명필이었고, 입춘이 되면 〈입춘대길〉을 한자로 써서 자녀들 집에 돌렸다. 아버지는 장남으로 할아버지 할머니를 유교 전통대로 잘 공경하고 자식 된 도리에 어긋남이 없는 효자요 우리 시대의 마지막 선비였다. 어른들 앞에서 마음대로 자식 사랑 표현도 못하고 8남매나 되는 자녀들을 무릎에 앉히고 어르지도 못했다.

정애가 어렸을 때에 읍사무소에서 호적을 담당하고 있던 아버지에게 점심 도시락 심부름을 가면 직원들이 알사탕을 사먹으라고 10환씩 주었던 생각이 아득한 그리움으로 다가왔다. 당신은 8남매를 교육시키려고 40세에 공무원을 그만두고, 전업사를 차려서 60년대에 전깃불이 들어가지 않은 면소재지에 전기공사를 해주고, 여름에는 선풍기를 팔고 겨울에는 석유풍로와 석유난로를 팔아서 등록금을 보내주었다. 회계를 맡아서 일을 했을 때는 학교에 낼 돈이 5,830원이면 6,000원을 준 적이 없고, 10원짜리 동전 3개까지 봉투에 넣어서 정확하게 5,830원을 주시던 확실한 분이었다.

아버지는 부잣집 아들답게 피부가 하얗고 머리숱이 많아 외출을 할 때면 양복이 잘 어울리는 멋쟁이 신사였다. 90이 넘은 연세에도 허리가 꼿꼿해서 쓰러지기 전까지 콤비를 즐겨 입었는데 근사하게 잘 어울렸다. 늦가을부터 겨울에는 카키색 바바리코트를 입을 만큼 호남형의 멋쟁이였던 아버지. 모든 가전제품은 물론, 우산장사가 고치지 못한 우산까지 고칠 만큼 손 기술이 훌륭해서 고향집에는 정애 형제들 집에서 가져온 고장 난 시계 선풍기 전화기를 고쳐 놓은 가전제품이 대여섯 개씩 있어서 부잣집 못지않게 집안 곳곳 화장실에까지 시계와 전화기가 있었다.

당신은 시대가 바뀌어도 양반의 체통을 끝까지 고수하고 아래 독을 깨서 윗 독 막고, 윗 독을 깨서 아래 독을 막으며 7남매를 서울에서 대학을 졸업시킨 아버지이다. 고향집은 광한루가 가까운 곳에 있었기 때문에 근처에 술집이 많았는데 아버지는 매일같이 그 앞을 지나다니면서도 그곳에 관심이 없었으니 사위들은 장인 어른의 바른 삶을 본받아야 한다고 존경하기도 했다.

정애는 아버지만 생각하면 눈물이 난다. 그가 교사를 하다가 만 3년 만에 쓰러져서 의식이 없다는 연락을 받고 기차를 타고 병원에 가는데 셋째 딸이 쓰러져서 깨어날지, 그대로 눈을 감아 잃을지도 모른다는 불안한 생각에 몸과 마음도 떨렸다. 기차 안은 두 무릎이 부딪칠 만큼 추웠다고 했다.

아버지는 폭압적인 일정시대를 겪고 잔혹한 6.25 사변도 겪어 냈지만 딸의 비통한 소식에 그렇게까지 몸과 마음이 떨린 적이 없었다. 마음이 추우니 몸이 더 떨렸으리라! 어렵게 사범대학에 보내서 이제 막 제 앞가림을 하나 했더니만 그런 변고를 당해 아버

토기장이가 빚으신 간장종지

지는 정애가 가엾고 측은해서 자꾸만 마음이 오그라들었을 것이다. 아버지는 평생 동안 식사할 때마다 반주를 해서 엄마는 철 따라 과일주를 담갔다. 아직도 고향집에는 아버지가 마시다 남은 인삼, 오미자, 매실, 복분자 등 과실주가 주인을 잃은 채로 썰렁하게 놓여 있다. 아버지는 세상을 떠나면서도 말없이 그냥 떠나지 않고 1년 전에 써 놓은 유서가 있었다.

"고생스런 일도 많았고 기쁜 일도 많았던 90평생을, 착한 엄마 만나서 잘 살다가 이제 하나님 곁으로 갈 때가 되었구나."로 시작된 글에는 90세 노인이 쓴 것 같지 않게 필체도 예쁘고 내용도 당신의 자상한 마음을 고스란히 담아서 간단하게 써 놓은 것이 있었다. 아버지는 확실한 성품대로 엄마의 남은 여생을 자녀들에게 짐이 되지 않도록 병원비까지 마련해 놓고 영원하신 하나님 품에 안겼다.

그렇게 아버지가 세상을 떠난 지 11개월 만에 엄마가 똑같이 심근경색으로 쓰러졌다.

"엄마, 버스 타고 집에 가고 있어."

정애는 직장에서 6시에 퇴근을 하자마자 버스에 오르면 이렇게 엄마에게 문자부터 보냈다. 무료하게 하루 종일 자기만을 기다리고 있을 엄마를 알고 있기에 조금이라도 지루함을 달래주려고 버스에 오르면 먼저 문자부터 보내서 안심을 시키고, 30~40분 후에 집에 도착해서 번호 키를 누른다.

"엄마! 나 왔어."
"어서 와라, 배고프것다."

정애와 엄마는 이렇게 서로 의지하면서 15평 아파트에서 11개월 동안 살갑게 지냈다.

꿈꿈꿈

정애 엄마와 아버지는 22년생 동갑내기이다. 엄밀히 따지면 엄마가 11개월이나 연상이다. 그래서인지 엄마는 아버지를 동생처럼 큰아들처럼 보살피며 평생을 헌신적으로 살았다. 당뇨가 있던 아버지가 혈당이 떨어져 쓰러지면 엄마는 혼자서 아버지를 부축해 안방 침대까지 옮겼는데 힘이 부쳐 몹시 힘들었다고 했다. 그런 일을 혼자 치르고 나면 엄마는 왜 남자가 여사보다 나이가 많아야 하는지를 알겠더라고 했다.

3월 마지막 주간 둘째 날, 삼성동 코엑스에서 핵 안보회의가 있었다. 정애 직장이 회의장 근처에 있었기 때문에 출근 시간이 한 시간 늦춰진 바람에 엄마와 아침 식사를 함께 하고 양치질을 하려고 세면실에 들어갔다 나오니 엄마는 설거지를 하다가 싱크대 앞에서 쓰러져 있었다. 그는 놀라서 엄마를 일으켜 보았지만 말을 못하고 천정만 멀뚱히 바라보고 있었다. 누워 있는 엄마를 한 손으로는 일으킬 수가 없었다. 당황한 정애는 다리에 힘이 빠지고 입이 바짝바짝 말랐다. 그녀는 전화기 앞으로 가서 119 신고부터 하고 기다렸다.

"엄마! 일어나 봐, 왜 이러고 있어. 말이 안 돼? 엄마! 엄마!"

굳게 입을 다문 엄마를 떨리는 목소리로 계속 불러 보았지만 반응이 없다. 119 응급차 안에서 언니, 오빠, 여동생에게 문자를 보내고 통화도 해서 엄마의 위급상태를 알렸다. 응급차는 이내 S병원 응급실에 들어서고 분주하게 CT와 MRI 검사가 시작되었다. 언니 오빠 내외가 병원에 오자 엄마를 맡기고 정애는 오후 시간에 맞추어 출근을 했다. 실감이 나지 않아 차분하게 앉아 일하고 있는데 옆에서 사무를 보던 미스 리가 말했다.

"여사님, 걱정 안 되세요?"
"갑작스러워서 그런지 실감이 안 나네. 성경에 보면 '사람이 염려한다고 키를 한자나 더 할 수 있느냐'는 말씀이 있는데 지금이 딱 그래. 내가 염려한다고 뭐가 달라지겠어, 90세가 넘으셨는데 하나님께 맡겨야지."
"그래도…"
"성경에는 사람의 생사화복은 하나님이 주관하신다고 했거든."

119 응급차를 타고 병원에 갔을 때 입었던 엄마 옷을 병원에서 흰 배낭주머니에 넣어서 우편으로 보내 주었다. 그 속에는 엄마가 쓰러지기 전까지 입었던 분홍 스웨터와 편하게 집에서 입고 있던 몸빼 바지와 속옷까지 구겨진 채로 들어있고 투명한 작은 비닐 봉투 속에는 하얀 틀니도 들어 있었다. 정애는 이제는 돌아올 것 같지 않은 엄마의 체취를 맡고자 속옷을 얼굴에 묻고 오열하며 슬픔을 뱉어냈다.

작년 4월에 아버지가 심근경색으로 세상을 뜨고, 엄마가 정애 집에 와서 11개월 함께 살다가 이런 변을 당한 것이다. 아버지 상을 치르고 오빠 내외가 모시고 정애 집에 왔다. 여러 자녀가 있지만 결혼하지 않고 혼자 살고 있는 정애네 집을 원하셨던 것이다.

"50년을 넘게 서울에 왔어도 이번에 처음으로 엄마 혼자 서울에 왔다."

아버지와 함께 못 오신 것이 못내 아쉬운지 엄마는 힘없이 앉았다. 믿을만한 아들 며느리가 있어도 엄마 머릿속에는 온통 아버지 생각으로 가득 차 있는 듯했다. 엄마가 풀어놓은 옷가지에서 아기들이 피부에 바르는 파우다 냄새가 은은하게 났다. 언젠가 고향집에 내려갔을 때도 엄마 옷이 들어있는 서랍장 안에서 아기 분내가 향기롭게 났던 기억이 있다.

엄마는 오랫동안 남편과 해로하면서 아버지에게 온갖 정성을 다하며 그것이 미덕인줄 알고 평생을 살았다. 아버지랑 같이 길을 걸어도 무거운 것은 엄마가 들었고, 맛있는 것, 좋은 것은 아꼈다가 모두 아버지를 드렸다. 고향엔 4일, 9일에 닷새 만에 장이 서는데 그날이면 어김없이 쇠고기무국 끓여서 가족들의 영양을 보충해 주었다. 그래도 엄마는 언제나 고기를 좋아하지 않는다고 먹지 않고 아버지와 자식들만 주었다. 그렇게 고깃국을 안 들더니 평생 동안 육식은 싫어하고 돼지고기는 아예 입에 대지도 않았다. 그래서인지 엄마는 고혈압과 당뇨도 없이 건강했다.

"엄마, 이제는 뭐든지 제일 좋은 건 엄마가 먼저 드세요. 그동안 자식들 때문에 아끼느라 못 먹은 거 이제는 아끼지 말고 엄마가 다 드셔요."

정애는 사과를 깎고 있는 엄마 옆에서 제일 먼저 잘라낸 부분을 포크에 찍어서 내밀었다. 저녁을 먹을 때도 대구탕 중에서 통통하게 살찐 중간 부위를 떠서 엄마에게 드렸다.

"엄마, 생선도 이제는 가장 좋은 부위를 엄마가 먼저 드셔. 그동안은 좋은 것은 죄다 아버지 드렸잖아! 이젠 우리 집에서 엄마가 제일 어른이니까 엄마가 대접을 받아야 해."

정애는 아버지와 자녀들을 위해서 평생을 희생하며 산 엄마의 홀로 남은 인생이 가여워서 대구탕 국물에 생선 가운데 한토막을 떠서 국그릇에 담았다. 한 달만 있으면 아버지 첫 기일이 돌아와서 엄마는 잠도 설쳐가며 유난히 아버지를 그리워하는데 근래에 들어 말소리도 줄어들고 더 힘이 없어 보였다.

"엄마. 아버지 생각 많이 나지."

"으응… 아주 소중히 아꼈던 물건을 잃어버린 것 같이 허전하다. 처음에는 안 뵈니까 멀리 어디 여행간 것 같더니만 이젠 새록새록 생각이 난다. 아버지 병원에 있을 때에 내가 가봤더라면 이렇게까지 서운하지는 않을 텐데…."

아버지가 그립고 보고 싶어도 자녀들 앞에서 말도 못하고 속앓이만 하고 있는 엄마였다. 왜 그렇지 않겠는가. 구순이 넘도록 온갖 풍상을 겪으며 큰소리 한 번 안내고 끈끈한 정 하나로 정답게 함께 살아온 부부인데. 그때 마침 엄마는 대상포진을 앓고 있었기 때문에 같은 의료원에 입원을 해 있으면서도 아버지가 떠나는 마지막 길을 보지 못했다. 모든 장례 절차에도 엄마는 나타나지 못했다. 그래서 더 아버지에 대한 그리움이 사무치는지도 모른다.

아버지 장례식을 마치고 엄마를 병원에서 고향집으로 모셔왔다. 두 언니의 부축을 받고 힘없이 들어온 엄마는 마루에 올라서자마자 식당으로 먼저 들어가서 아버지와 마지막 저녁을 같이 한 식탁에 얼굴을 파묻고 큰 소리로 통곡을 했다. 엄마는 항상 아버지가 먼저 세상을 떠나야 한다고 입버릇처럼 되뇌었지만 막상 아버지를 먼저 보내고 나니 그동안 참았던 서러움이 복받쳐서 아버지와 함께 한 72년의 긴 세월을 눈물로 슬픔을 쏟아냈다. 엄마의 작고 가냘픈 어깨가 들썩이며 토해낸 오열을 처음 본 정애는 가슴이 미어졌다. 그 모습은 엄마이기 이전에 한 여성으로서 배우자를 잃은 상실감이며 슬픔이었다. 2남 6녀 자녀들이 있어도 엄마의 외로움을 대신할 수는 없었다.

"꿈속에서라도 한 번 보고 싶은데 1년이 다 되어도 한 번도 안 뵈더라."
"……"
"아버지는 왜 날 안 데려간다냐?"

엄마는 J시에 사는 큰딸이 의지가 되는지 전화할 때마다 울음 섞인 목소리로 넋두리를 하곤 했다.

꽃무늬

겨울이 지나고 3월이 되어도 날씨는 좀처럼 따뜻해지지 않았다. 엄마는 햇볕이 방안 가득히 들어오면 밖에 나가고 싶어 견딜 수 없어 했다. 200평이 넘는 넓은 집에서 살다가 이웃도 없는 낯선 서울생활이 더 외롭고 답답했으리라. 스웨터를 하나 꺼내 더 입고 나가려 했지만 혼자 나서는 것이 자신이 없는지 다시 주저앉았다.

겨우내 좁은 아파트 안에서 지루했던 터라 봄바람을 쐬고 싶어 했지만 연일 바람이 많이 불어서 나갈 수가 없으니 더 힘든 나날을 보내고 있었다. 정애가 직장에 나가면 하루 종일 누워서 TV를 보다가 시래기 삶은 것을 힘들게 앉아서 뻣센 줄기는 버리고 하나씩 하나씩 벗겨서 연한 줄기로만 맛나게 국을 끓여놓고 정애를 기다리곤 했다. 근래에 들어서는 더 입맛을 잃었는지 젊어서 즐겨 먹던 된장을 넣고 삼삼하게 끓인 시래깃국이나 아욱국, 콩나물에 묵은 김치를 넣어 담백하고 시원하게 끓인 국으로 식사를 했다.

중환자실에 의식 없이 누워 있는 엄마는 큰 키는 아니지만 등이 굽어 더 작아 보였다. 약국을 하는 둘째 언니 집과 가까운 노인 요양병원으로 옮겨서, 언니가 출퇴근 때마다 엄마에게 들려 알코올을 수건에 묻혀 온몸을 닦아 주고, 유치원 교사를 마치고 병원에 들리는 자상한 다섯째 딸은 물수건으로 엄마 얼굴과 손발을 닦아 주고 로션까지 발라 주고 돌아갔다. 마지막까지 깨끗하고 예쁜 모습으로 누워 있기를 바라는 딸들의 마음은 병문안 오는 분들에게 영원한 이별이 될지도 모르는 엄마를 깨끗하고 보기 좋게 단장해 주었다.

정애는 고등학교 1학년, 열여섯 살에 서울로 올라와서 부모님과 떨어져 40년을 넘도록 혼자 살았기 때문에 엄마가 서울에 오셔서 함께 사는 11달 동안 외롭지 않고 의지가 되어 좋았다. 부모님

토기장이가 빚으신 간장종지

이 그동안 매달 한 번씩 서울에 올라오긴 했지만 항상 짧은 만남이었기 때문에 아쉬웠던 차에 이번에 제대로 효도 한번 해보자고 벼르고 모셨다. 정애 나이 60이 넘어서 엄마의 사랑 속에서 11개월 동안 엄마 냄새를 맡을 수 있어 행복했다. 청소와 산책은 요양보호사가 했고 정애는 세탁하는 일을 맡아서 했다. 밥은 잘 드시는지, 약은 시간 맞춰서 잘 드시는지, 잠은 잘 주무시는지를 살폈다. 식사준비는 거의 엄마 몫이었다.

정애는 엄마를 위해 마트에 들러 물건을 사는 것도 재미있었고, 엄마를 모시고 병원에 가는 것도 평생 동안 사랑을 받기만 하고 산 정애는 효도할 수 있는 기회다 싶어서 감사함으로 잘 섬겼다. 그가 사회복지를 공부했기 때문에 엄마 한 분을 모시고 있으면서 노인복지를 한다는 마음으로 엄마를 돌봐드렸는데 막상 엄마가 쓰러져서 병원에 누워계시니 잘못한 것만 생각이 나 마음이 아팠다. 주로 싱크대 앞에서 음식을 준비하고 설거지하는 모습과 유모차를 끌고 나란히 공원을 산책했던 일 등 벤치에 앉아서 도란도란 얘기하며 햇볕을 쪼이던 일들이 어른거려 눈물이 났다.

병원 침대에 누워있는 엄마는 홍조를 띠고 있고 언제나 얼굴은 반질거렸다. 90세가 넘은 노인의 얼굴과 목에는 세월의 연륜도 찾아볼 수 없이 검버섯 몇 개를 빼고는 주름살도 없었다. 며칠 전에 들렀을 때는 옆 침대에 누워있는 환자가 엄마를 보고 "할머니 허벅지가 희고 예뻐서 날씬한 아가씨 다리 같다."고 했다.

엄마는 가끔씩 실눈을 떴다가 감았지만 의식은 돌아오지 않았다. 병원에 누워있는 엄마를 보러 살가운 넷째 딸이 서울에 올라와서 다섯째 딸과 위로 차 주말에 정애 집에 왔다. 엄마가 남기고 간 물건 중에 즐겨 갖고 다니던 분홍색 꽃무늬 손지갑에는 지폐와 동전 몇 개가 들어있었는데 엄마 글씨로 또렷하게 적은 작은 글씨가 704동 204호라고 반듯하게 쓰여 있었다. 엄마에게 아파트 주소를 여러 번 가르쳐 주어도 동 호수를 바꿔 말했다. 그러자 결국은 당신도 믿을 수가 없었는지 아예 손지갑 속에 주소를 써서 넣고 다녔던 것이다. 정애도 그건 처음 보았다.

"총기가 좋던 우리 엄마가 간단한 동 호수를 못 외워서 이렇게 써갖고 다녔네."
"엄마가 너무 불쌍하다."

세 딸은 그렇게 갑자기 쓰러진 엄마를 생각하며 벅찬 울음을 토하며 울음바다를 이루었다.

엄마는 1920년대, 전북에 있는 작은 면에 면장님의 5남 3녀 중 둘째 딸로 태어나 1940년에 N읍, 지금은 시가 되었지만 영천 이 씨 문중에 열여덟 살에 시집을 왔는데 이웃에서는 시집을 "영방집"이라고 불렀다. 조선시대에 할아버지 선친께서 관청에서 사무를 보셨나 보다. 엄마는 얼굴 한 번 보지 않고 아버지에게 시집와서 살면서 3남 7녀를 낳고, 남편에게 순종하며 조선의 양반집 규수답게

　　　　　　　　　　토기장이가 빚으신 간장종지

큰살림을 불평 없이 해 왔다. 남자 형제들은 아직까지 5형제가 그대로 살고 있는데 이모님들은 먼저 저 세상으로 떠나고 엄마 혼자 남아서 5년여 동안 심장질환을 앓고 있었으니 먼저 간 언니와 여동생이 얼마나 보고 싶고 그리웠을까. 형제는 어려운 일 당할 때를 위해서 있는 것이라고 성경에 기록되었는데, 막내 외삼촌이 누나를 보려고 병원에 왔다.

"누나. 매형하고 사이가 좋으시더니 일 년도 못 참고 따라가려고 이렇게 누워있어요? 누나! 누나~ 눈 좀 떠보세요."

외삼촌은 안타깝게 불러 보았지만 엄마는 미동도 하지 않았다. 작년까지만 해도 엄마의 눈은 노인의 눈답지 않게 초롱초롱하고 힘이 있었다. 그런데 지금은 눈꺼풀을 억지로 올려 봐도 동공이 풀어지고 힘이 없다.

엄마가 시집왔을 때는 한양에서 살다 내려온 시할머니까지 있었다고 했다. 시할머니는 그 당시에도 언문을 깨우쳐서 안경을 끼고 신문을 보는 유식한 어른이었다. 엄마는 첫아들을 낳고 어른들 사랑을 받으며 힘이든지 모르게 시집살이를 하는데 아들이 세 살 되던 해에 홍역을 앓다가 가족들 곁을 떠났다. 엄마는 병원에 가서 치료를 받아 보고 싶었지만 어른들은 무당을 불러다가 굿을 했다고 했다. 엄마는 시할머니, 시어머니가 어려워서 어른들 처분만 바라보고 있다가 귀한 첫아들을 잃었다. 막 스무 살이 된 젊은 새댁은 그렇게 첫아들을 잃고 후추 가루를 가슴에 뿌린 것처럼 아리고 쓰린 가슴을 부둥켜안고 어른들 눈치를 보느라 슬픔도 마음대로 표현할 수조차 없었다. 자식 잃은 슬픔 때문에 정신을 차릴 수도 없는데 끼니때마다 불을 때서 밥을 하고, 가사 일을 해야 했던 엄마의 신혼을 돌이켜 보면 눈물겹다. 그리고 밑으로 딸 셋을 낳았는데 세 번째 낳은 딸이 조산이 되어 가슴에 묻었다. 그래도 계속 태어나는 자녀들 때문에 그나마 자식 잃은 슬픔을 잊을 수 있었다.

정애는 초등학교 들어가기 전, 상할머니 상여가 나가는 것을 보았다. 좁고 긴 골목을 지나서 상복을 입은 할아버지 형제들과 할머니들, 아버지, 삼촌들과 고모님들, 엄마, 숙모까지 긴 행렬이었다. 거지들은 100m가 넘은 긴 골목길에 줄을 서서 기다렸다가 음복을 받아갔다. 보통날에도 거지가 오면 할머니와 엄마는 그냥 음식을 주는 법이 없이 작은 밥상에 밥과 국과 김치를 담아서 주며 덕을 쌓았다는 얘기를 어렸을 때 고모님께 들은 생각이 난다.

방송국에서 PD로 일하던 막내 외삼촌 영향으로 정애 형제들은 일찍부터 서울로 유학을 와서 학교를 다녔다. 일찍 올라온 남동생은 초등학교 4학년 때부터, 여동생들은 중학교 때, 오빠와 정애는 고등학교 때 올라와서 공부를 했다. 두 언니도 60년대에 서울에서 대학을 다녔다. 그래서 부모님은 자녀들과 헤어지고 만나는 작별 속에서 오랜 세월을 두 분만 외롭게 고향에서 지냈다. 고향집이

토기장이가 빚으신 간장종지

컸기 때문에 부모님 두 분만 사시기에 더 쓸쓸하고 적적했을 것은 뻔하다. 그래서 두 분의 금슬이 더 좋으셨을까. 두 분은 해를 거듭할수록 서로에게 의지가 되었다.

엄마는 자식사랑도 유별났지만 남편 사랑도 극진해서 마치 아버지를 큰아들을 대하듯이 날마다 세탁이며 다림질을 귀찮아하지 않았다. 내의는 세탁할 때마다 삶아서 아버지 옷은 항상 하얗고 보송보송한 새 옷이었다. 식사 때에 비빔밥을 해서 드실 때는 의당 비벼 드렸고, 생선가시도 발라서 숟가락에 얹어주고, 김치도 가위로 잘게 썰어서 먹기 좋게 그릇에 올려놓곤 했다. 정애 엄마는 딸이 많아서인지 딸들을 아주 예쁘게 키웠다. 60년대에 서울에 올라오면 동대문 시장에 들러서 고향에서는 구경도 못할 예쁜 옷들을 사다 입혔다. 여름방학 때 고향에 딸들이 내려가면 밤하늘의 반짝이는 별빛 아래서 모기향을 피워놓고 연례행사처럼 발톱 손톱에 아주까리 넓은 잎을 떼어, 흰 백반을 넣고 곱게 찧은 봉숭아 물을 들여 주는 것이 엄마의 유일한 여름날의 낭만이었다. 엄마는 자다가도 몰래 일어나서 꽁꽁 맨 손가락을 살며시 풀어본 후에 안심을 하고 다시 묶어 놓고 잠이 들곤 했는데 아침에 곱게 물든 손톱 발톱을 보면 예쁘게 물들었다며 엄마는 당신 손톱처럼 흐뭇해하며 좋아했다.

"엄마도 어렸을 때 외할머니가 손톱에 봉숭아 싸매줬어?"
"그랬재, 이모들이랑…"

엄마는 처음부터 어른으로 태어난 것처럼 자녀들은 엄마의 어린 시절에 관심 없이 살았다. 엄마도 우리처럼 공기놀이랑 땅따먹기랑 고무줄놀이를 하면서 자랐을까. 엄마도 처녀 때, 동네 어귀에서 남성을 만나면 가슴이 설레고 얼굴이 붉어졌을까. 엄마의 꿈은 무엇이었을까. 정애는 그동안 한 번도 생각해보지 못한 엄마의 어린 시절이 갑자기 궁금해졌다.

"엄마, 어렸을 때 얘기 좀 해 봐."
"어렸을 때 기억나는 것은 일정 때 일본 말 배운 기억밖에 없어."
"그때 배운 일본말 지금 생각나는 거 뭐 있는데?"
"히라가나 가다가나 가기구게고 사시스세요."
"와! 우리 엄마 기억력 좋으시네, 80년이 지났는데 아직까지 안 잊어 먹고…"
"그때 우리 집 뒤에 살던 친구가 하나 있었어. 이름은 생각이 안 나는데… 그 앤 일본 선생한테 고자질을 잘 해서 우리 친구들이 많이 야단을 맞았재."

그때는 학생들에게 표를 나누어 주고, 우리말을 사용하면 한 장씩 뺏어 가도록 했다. 그래서 나중에 표를 다 빼앗긴 여러 친구들이 일본 선생에게 혼쭐이 났다는 것이다. 처음으로 들은 엄마의 어린 시절 얘기다. 식솔이 많은 큰집 살림을 마치고 저녁이 되면 고단해서 귀찮았을 텐데도 딸들의 손가락 발가락을 싸매주면서 기뻐했던 엄마의 소녀 같은 사랑은 오랫동안 정애의 가슴에 지

토기장이가 빚으신 간장종지

위지지 않은 녹물처럼 잔잔하게 남았다. 정애는 지난 설에 고향에 내려갔을 때에 엄마와 나란히 자리에 누운 적이 있다.

"엄마, 엄마는 지금까지 한평생 살아오면서 언제가 제일 좋았어?"
"음… 좋았을 때가 많았재."
"그래도 제일 좋았을 때가 언제였는지 생각해 봐!"
"느그들 초등학교 다닐 때, 운동회 날 도시락 싸갖고 가서 맛나게 먹고 함께 뛰어 놀 때가 좋았재."

생각해 보니 그때가 엄마 생애에 가장 행복했을 것 같았다. 날마다 부쩍부쩍 자라나는 여러 자식들을 보면서 꿈과 희망에 부풀어 있었을 엄마의 긴 세월이 주마등처럼 스쳤다. 무슨 대답이 나올 줄 알면서도 혹시나 해서 물었다.

"그럼 가장 슬펐을 때는?"
"생각이 안 나지만, 그래도 네가 선생 하다가 쓰러져서 일어나지 못했을 때가 제일 가슴이 무너지고 아팠재."
"그때 엄마 고생 많았지."

정애는 엄마 가슴으로 파고들면서 어리광을 부렸다.

"고생은 무슨… 부모가 죄가 많아 그랬재."

정애가 병든 것도 자신의 탓으로 돌렸던 엄마다. 엄마는 아버지의 아내, 8남매의 엄마이기 전에 어린애처럼 단순하고 순박한 여성이었다. 입고 싶은 옷은 꼭 사 입었고 많이 배우지는 않았어도 얌전하고 영특했다. 음식을 만들어 그릇에 담을 때도 보기 좋고 모양 있게 담았고, 음식은 물론 바느질 솜씨까지 좋았던 엄마의 솜씨 덕분에 정애는 어려웠던 그 시대에도 건강하고 예쁜 옷을 입고 자랄 수 있었으니… 유복한 가정에서 태어나서 훌륭한 부모님을 만난 것은 주의 은혜요 축복이었다.

엄마는 남편에게 완전 순종형이었다. 그 당시에 면 소재지에서 금융조합을 운영하실 만큼 여유 있는 가정에서 일찍 가톨릭을 받아들인 외할아버지는 의식이 깨어 있어서 외삼촌들을 모두 J시 도청소재지와 서울로 유학을 보냈다. 엄마는 가톨릭 집안에서 살다가 유교적 전통을 고수하는 완고한 집에 큰며느리로 시집을 와서 1년에 제사를 13번씩 차려도 불만 불평 없이 시댁의 가풍을 따랐다. 그래서인지 아버지는 다시 태어나도 엄마와 결혼하겠다고 했다. 그런데 두 분이서 72년간을 해로하면서 엄마가 아버지를 뭐라고 호칭했는지 정애는 들은 기억이 없다. 두 분은 어른들을 모시고 살면서 눈으로 말하고 이심전심으로 통하다 보니 부부가 살면서 호칭 없이 살았던 것이다. 두 분만 계실 때는 어땠는지 모르지만.

50년대 말부터 고향에서는 먹고 살만한 집의 자녀들을 서울,

전주, 광주로 유학을 보내는 것이 유행이었다. 외삼촌의 영향도 있지만 부모님은 자녀들을 일찍부터 도시로 보내서 공부를 하게 했다. 모두 떠나고 나면 외로우니까 위로부터 반은 먼저 보내고, 반은 같이 살다가 서서히 모두 보냈는데 엄마는 서울에서 공부하는 자녀들이 공부하다가 늦게 일어나서 밥을 못하면 아침밥을 거르고 도시락도 싸지 못하고 학교에 갈까 봐서 한 달에 한 번씩 김치며 장조림이며 멸치볶음 깻잎김치 찹쌀 풀에 김을 두 장씩 붙여서 얌전하게 흰깨를 묻힌 김튀각, 그리고 구워 먹으면 고소한 군산갈치 등 밑반찬을 해서 소포로 서울에 올려 보내기를 십수 년 동안 했는데 그 정성과 수고는 자녀들 모두 잊을 수가 없는 엄마의 유별난 자식사랑이요 정성이었다.

"느그 엄마는 장날을 기다렸다가 살 것이 열 가지가 넘어도 종이에 적어서 시장에 간 적이 없다. 서울에 택배를 보낼 때도 여나믄 가지가 넘는데도 빠뜨리지 않고 죄다 싸서 보내니 엄마 머리는 알아줘야 한다."

엄마는 머리가 좋았다. 아버지가 세상을 뜨고 정애 집에 와 있으면서도 전주 광주 춘천에 있는 자녀들 전화번호를 지역번호까지 모두 외워서 전화하곤 했다. 2018년에 평창에 동계올림픽 개최가 확정되었을 때도 엄마는 뉴스를 보다 말고 "지금 대통령 다음 대통령 그다음 대통령 때나 열리것다." 했다. 뉴스를 보면서도 생각 없이 보는 것이 아니라 계산을 하면서 보았다.

또 엄마는 음식 솜씨가 좋고 정갈해서 다른 사람이 해준 아무 음식이나 잘 먹지 않았고, 귀찮아도 직접 만들어서 먹을 만큼 절대 미각이었다. 특히 멸치볶음은 엄마 특유의 요리 솜씨로, 일일이 손으로 깐 멸치를 먼저 볶다가 고추장과 외간장을 적당히 섞어서 갖은 양념과 참기름을 넣고 볶기 때문에 깊은 맛이 있어 누구나 좋아하는 인기 있는 음식이었다. 정애가 여학교 다닐 때는 그 멸치볶음 반찬이 인기가 있어서 도시락에 싸갖고 가면 앞에 앉은 친구는 뒤돌아서 자기와 함께 먹자고 하고, 뒤에 앉은 친구는 정애가 돌아앉아 함께 먹기를 원해서 정애는 하루는 앞 친구와 먹고 다음날은 뒤 친구와 함께 먹었던 일이 생각난다.

먹을 것이 귀했던 유년시절에 학교에 갔다 오면 엄마는 항상 간식을 해놓고 기다렸다. 팥을 잔뜩 넣은 찐빵을 자주 만들어서 냉장고가 없던 시절이라 소쿠리에 담아서 서늘한 기와지붕 밑에 대롱대롱 매달아 놓았고, 찬장에는 식솔이 많아서 생긴 뭉쳐진 깐밥(누룽지)이 항상 기다리고 있어 제일 먼저 학교에서 온 사람 몫이었다. 또 여름에는 포근포근한 감자와 텃밭에서 자란 맛있는 옥수수를 학교에서 집에 오는 시간에 맞추어서 막 쪄 놓으면 한창 자라는 자식들의 간식으로 그만이었다. 그래서 그런지 형제들이 지금도 찐 옥수수를 보면 양보가 없다.

서울에서 학교를 다니다가 방학 때 고향집에 내려가면 형제들은 칙사 대접을 받았다. 무더운 여름날에도 땀을 줄줄 흘리며 두 손으로 밀어서 팥칼국수를 해주면 한창 성장기에 있던 형제들은 두 그릇씩 게걸스럽게 먹어 치우곤 했고, 집에서 키운 닭을 잡아

토기장이가 빚으신 간장종지

서 찹쌀과 대추 인삼을 넣고 푸욱 끓인 삼계탕은 최고의 별미요 영양식이었다. 서리가 내리면 작은 고욤을 따서 단지에 넣어 땅속에 묻어 두었다가 굼불 땐 따뜻한 방에서 재미난 소설책을 읽으면서 먹을 때면 입이 시릴 만큼 차갑고 달콤한 그 맛을 먹어보지 않은 사람은 모른다. 그때는 아이스크림이 없을 때라 지금 생각해 보면 겨울에 먹는 아이스크림 맛 같아 겨울방학을 기다렸다.

　형제들이 많다 보니 가족이 한자리에 모인다는 것이 어려웠다. 어쩌다가 가족사진 기념촬영을 할라치면 오빠나 남동생이 군대에 가서 없거나 큰언니 작은언니가 결혼을 해서 없거나 해서 오랫동안 가족사진이 없었다. 그렇게 지내다가 부모님 칠순 팔순 기념잔치 때에야 비로소 가족사진을 찍게 되어 고향집 안방에는 가장 보기 좋은 자리에 서울 큰 호텔에서 찍은 부모님 칠순 팔순 기념 잔치 때 찍은 가족사진이 있다. 2남 6녀와 사위 다섯과 두 며느리까지 다복하고 화사하게 찍은 가족사진이 걸려 있어 부모님은 두 분이서만 외롭게 살아도 남부럽지 않게 잘 성장해서 일가를 이루고 사는 자녀들 사진만 보고 있어도 힘이 나고 자부심마저 느꼈다.
　정애 고향집은 ㄷ자 집으로 안방과 중간에 굵은 나무 대들보가 걸쳐진 대청마루와 작은방이 있었다. 대청마루는 정애에게 잊을 수 없는 공간이다. 여름방학이면 시원한 대청마루에서 매미소리를 들으며 세계문학전집과 국내 문학서적을 섭렵해서 다독했는데 지금까지 그의 정신적 자산이 되었다. 창호지를 바른 두 방 앞에는 긴 마루와 안방 곁에는 부엌이 있어 많은 식솔 때문에 끼니마다 밥상을 두세 개씩 차려냈으니 그릇도 많고 수저도 많았다. 어렸을 적에 긴 마루를 물걸레질을 할라치면 마루가 길어서 짜증을 내며 동생과 서로 닦지 않으려고 다투었던 기억도 있다. 일자집 뒤로 감나무 한 그루와 샘결과 텃밭에까지 대봉 감나무 세 그루가 있고, 텃밭에 살구나무와 고욤나무, 앵두나무가 있어서 많은 열매로 정애 형제들은 철따라 맛있는 과일을 먹으며 건강하게 잘 자랐다.

⌇⌇⌇⌇

정애 어렸을 때 고향집은 미신을 믿었다. 아버지가 장사를 했기 때문에 사업이 잘 되라고 매달 음력 초하루 초사흘을 지켰는데, 그날은 떡과 음식을 잘 차려놓고 아침 일찍부터 스님이 와서 징을 치며 독경讀經을 외는 바람에 식구들은 늦잠을 잘 수 없어 그날이 오면 모두 독경소리와 함께 눈을 떠야 했다. 엄마는 아침 일찍 밥을 하러 정재(부엌)에 나가면 제일 먼저 살강(선반)에 놓아둔 조왕신(부뚜막 신) 앞에 정한 수부터 새로 떠서 올렸다. 명절이나 절기에도 아버지 가게는 물론, 방과 부엌, 광, 장독대, 대문, 샘, 화장실 앞, 담벼락 밑에는 동서남북으로 골목까지 스무 개도 넘은 크고 작은 상을 차려서 손을 비비며 정성을 다해 귀신에게 축성을 했다. 엄마가 시집와서 보니 식구 입을 하나라도 덜려고 보낸 식모 언니들이 항상 있어서 엄마를 도왔다. 엄마는 친정에서 고생 모르고 살다가 큰집에 시집와서 큰살림을 맡아 하느라고 고단했을 건 뻔하다. 8남매를 키우면서 읍내 가까운 곳에 전답까지 있어서 항상 놉

토기장이가 빚으신 간장종지

(품팔이 일꾼)들이 있었다. 부모님이 농사일은 안 했지만 엄마는 맏며느리로서 집안의 대소사를 마치고 나면, 밀주를 마시며 함께 음식을 준비한 친지들과 여자의 일생이나 동백아가씨를 즐겨 부르며 음식준비로 노곤함을 풀기도 했는데 지금 생각하면 회사에서 큰 일을 마치고 회식을 하고 난 후에 2차로 간 노래방 코스와도 같았다.

일정시대에는 순경을 지원하면 군대를 가지 않아도 된다고 해서 정애 아버지는 순경을 지원했다. 그런데 6.25 동란이 일어나면서 인민군들이 순경했던 사람들을 모두 붙잡아 갔다. 3개월이 지나도 아버지 소식이 없자 할머니는 아들이 죽었는지 살았는지 걱정이 되어 견딜 수가 없었다. 날마다 사방에서 총소리가 들리고 하늘에는 호죽기(전투비행기)가 쌩쌩 날아다녔다. 붙잡혀간 사람들이 전주에 있다는 소문을 듣고 위험한 150리 길을 나섰다. 할머니와 엄마는 돌도 안 된 아들을 업고 걸어서 임실 친척집에서 하루 저녁을 궁색하게 잤다. 새벽밥을 일찍 해먹고 산길을 걸어가는데 인민군들이 어깨에 총을 메고 걸어가면서 젊은 엄마를 힐끔거리며 쳐다봤다. 할머니는 산길을 걸어가다가 얼른 나뭇가지를 꺾어서 뽀글뽀글하게 불파마한 엄마 머리를 아낙네처럼 쪽을 지어 주었다.

N읍에서 붙잡혀 온 사람들 소식을 물어 물어서 찾아 간 곳은 도청 건물 안이었다. 아버지는 초췌하게 야위어 있고, 살지 죽을지

기약이 없다고 했다. 그래도 살아있는 모습을 보고 나니 엄마와 할머니는 안심이 되었다.

"어머니가 여기까지 어떻게 오셨어요?"
"아범이 살아 있었네. 어디 아픈 데는 없고… 밥은 안 굶기냐? 느그 아들이 이렇게 많이 컸다, 한번 안아 봐라."

엄마는 큰아들을 아버지 팔에 안겨 주면서 남편이 살아있는 것만으로도 반가워서 눈물을 훔쳤다.

"집은 걱정 마시고, 밥이 어떻게 나와도 잘 드시고 힘내세요. 죄도 안 졌는데 설마 죽이기야 하것어요?"

엄마는 아버지가 사무치게 그립고 걱정이 되어 밤잠도 설치며 기다렸던 발걸음이었는데 할머니 앞에서 반가운 내색도 못하고 눈물을 감추며 아버지의 초췌한 모습을 살폈다. 엄마 등에 업혀서 자고 있던 큰아들은 언제 깼는지 아버지를 멀뚱히 쳐다보았다. 엄마는 시집와서 일제강점기도 보내고, 6.25 동란도 겪고, 8.15 해방도 맞으면서 질곡의 삶을 살았다. 이런 험난한 세월 속에서 여러 남매를 낳아서 키우느라 힘이 들어서 인지 당신이 즐겨 불렀던 노래에는 인고의 세월을 살아온 삶이 애절하게 녹아 있다.

1. 참을 수가 없도록 이 가슴이 아파도/ 여자이기 때문에 말 한마디

토기장이가 빚으신 간장종지

못하고

헤아릴 수 없는 설움 혼자 지닌 채/ 고달픈 인생길을 허덕이면서

아~아 참아야 한다기에/ 눈물로 보냅니다 여자의 일~생

2. 견딜 수가 없도록 외로워도 슬퍼도/ 여자이기 때문에 참아야만

한다고

내 스스로 내 마음을 달래어 가네/ 비탈길 인생길을 허덕이면서

아~아 참아야 한다기에/ 눈물로 보냅니다 여자의 일~생

엄마의 노래 속에는 그리움도 사무쳐 있다. 애들은 셋이나 있
는데 붙들려 간 남편은 소식이 없고 남편 없이 시할머니 시어머니
모시고 살면서 얼마나 시집살이가 고달팠을까!

1. 헤일 수 없이 수많은 밤을/ 내 가슴 도려내는 아픔에 겨워

얼마나 울었던가 동~백 아가씨/ 그리움에 지쳐서 울다 지쳐서

꽃잎은 빨갛게 멍이 들었소

2. 동백꽃잎에 새겨진 사연/ 말 못할 그 사연을 가슴에 묻고

오늘도 기다리네 동~백 아가씨/ 가신 님은 그 언제 그 어느 날에

외로운 동백꽃 찾아오려나

정애 엄마의 친정은 한량적인 기질이 있었다. 외삼촌 중에는
60년대 초에 벌써 연극영화과를 전공한 분이 있어서 정애의 예능
소질이 외가의 영향 탓인 듯하다. 엄마는 TV에서 하는 '가요무대'
프로를 즐겨 볼 만큼 가요에 관심도 있고 소질도 있어서 기분이

좋으면 흥얼흥얼 따라 부르기도 했다.

엄마는 효부였다. 할머니가 세상 뜰 때에 엄마는 66세였는데 결혼해서 그 연세까지 할머니가 집에 계시는 동안에는 한 번도 누워보지 못할 만큼 시어머니 앞에서 조심하며 살았다. 할머니는 엄마가 딸 여섯을 낳았어도 섭섭한 내색 한 번 안한 양반이었다고 했다. 얌전하시고 말이 많지 않은 분이어서 엄마는 늘 조심스러워했다. 두 분 사이는 서로 말하지 않아도 신뢰와 순종이 암묵적으로 통해 고부간 갈등은 없는 듯했다. 정애가 생각하기에 엄마로부터 할머니에 대해서 험담을 들은 기억이 없다.

"느그 할머니는 정말 양반이셨다, 89세에 중풍으로 쓰러지기 전까지도 속옷을 내게 맡긴 적이 한 번도 없었다. 꼭 당신이 빨아서 입으셨재."

할머니가 세상을 뜨자 고향집을 현대식 가옥으로 개조했다. 안방과 대청마루를 합쳐서 큰방을 만들고 화장실도 수세식으로 만들어서 안방 안에 두고, 정재도 입식 부엌으로 만들어 식탁을 들여놓아 두 분이서 편리하게 살았는데 아래채는 손대지 않고 그대로 두었다. 방이 3개씩 딸린 아래채는 동서향을 향해서 마당을 가운데 두고 마주 보고 있었다. 한쪽은 65세가 넘은 노부부가 살고, 맞은편은 젊은 이주민 가정이 들어와서 집세를 내지 않고 살았다. 골목이 깊고 마당이 넓은 집이라 구순이 넘은 두 노인만 살고 있는 것이 적적하고 마음을 놓을 수가 없어서 정애 아버지가 생각해

토기장이가 빚으신 간장종지

낸 묘안이었다.

꧁

할머니는 평생 동안 절에 다니며 불심으로 살았는데 하나님이 정애의 경기 발작을 낫게 해주고, 손녀딸에게 좋으라고 기독교로 개종하고 주님을 영접하고 세상을 떠났다. 할머니가 개종한 것은 기적이었다. 정애 집안에 교회 나가는 가정이 없는데 엄마를 당숙 모라고 부르는 집 아주머니가 독실하게 믿음생활을 잘하고 있는 가정이 있었다. 순복음교회를 다니고 있었는데 어느 날 할머니에게 교회 식구들과 같이 심방을 와서 예배를 드리면서 마귀를 물리치는 찬송을 뜨겁게 불렀다.

"할머니, 저기 저 천정 모서리에 있는 저 신줏단지 버립시다."
"우리 집안을 지금까지 지켜 준건디요."
"그거 아무 소용이 없어요. 아, 그것이 이 가정을 지켜 주었다면 다 가르쳐 놓은 똑똑한 선생 딸이 왜 병이 들었다요?"
"……"
"하나님이 아닌 것은 모두 우상이에요. 우상은 귀가 있어도 듣지 못하고 눈이 있어도 보지 못하고 입이 있어도 말을 못하니, 믿어도 아무 소용이 없고 능력이 없으니 아무 일도 하지 못해요. 우상은 헛것이고 거짓이니 할머니 저거 내다 버리고 우리 하나님 믿읍시다!
하나님은 이 삼라만상을 지으신 전능하신 분이라서 믿기만 하면 우리 죄를 용서해 주시고 구원해 주시는 분이에요."

그들의 우상들은 은과 금이요 사람이 손으로 만든 것이라 입이 있어
도 말하지 못하며 눈이 있어도 보지 못하며 귀가 있어도 듣지 못하며
코가 있어도 냄새 맡지 못하며 발이 있어도 걷지 못하며 목구멍이 있
어도 작은 소리조차 내지 못하느니라 우상들을 만드는 자들과 그것을
의지하는 자들이 다 그와 같으리라 시편 115:4~8

교회에서 오신 분들이 보혈찬송과 마귀를 대적하는 찬송을 힘
있게 몇 곡 더 부르고 다시 권면했다.

"할머니, 생각해 보실 것도 없어요."
"우리 손녀딸이 좋아진다면 저거 내리고 하나님 믿을라요!"
"할렐루야! 할머니, 잘 생각하셨어요."

그들은 다시 기도와 찬송을 하고 신줏단지를 내려서 텃밭으로
가져가 쌀과 단지를 불태웠다. 수십 년 동안 모시고 산 신줏단지
를 없애는 것은 강권석인 성령의 역사였다. 할렐루야~'!!! 88세
평생 동안 토속신앙을 믿고 섬겼던 미신적인 맹신이 이렇게 쉽게
무너졌다. 그 신줏단지 안에는 쌀이 들어 있었다. 신줏단지는 토
속신앙으로 해마다 가을걷이를 마치면 햅쌀로 바꾸어서 넣어놓
고, 집안의 바람이나 소원을 빌었다. 신줏단지를 모시다가 조금이
라도 부정하거나 정성을 드리지 않으면 집안에 탈이 나기 때문에

지극정성으로 모셨다. 영적으로 해석하면 신줏단지를 집안에 두는 것은 귀신을 모신 거와 같았다.

～ꞔꞔꞔ～

그 후부터 정애 엄마는 자유롭게 교회에 나갔다. 처음에는 복음도 모르고 딸을 치료해 준 하나님께 감사함으로 주일을 지키며 새벽기도를 다녔다. 다행히 집에서 골목만 나가면, 100년이 넘은 오래 된 장로교회가 있어 가족들은 어려서부터 새벽마다 울리는 교회 종소리를 듣고 자라면서도 교회 나가는 사람은 없었다. 정애가 아프기 전에는 교회에 관심 있는 가족이 한 사람도 없었다.

엄마가 교회를 다니면서 구역예배를 드리면 아버지 눈치를 볼수밖에 없지만 엄마는 정성을 다해 교회 식구들을 대접하고, 새벽기도도 빠지지 않고 달력에 표시를 해 가며 정성스럽게 다녔다. 그때 엄마에게 치루라는 병이 있었는데 창피해서 누구한테 말도 못하고 귀찮아했다. 그런데 새벽마다 교회에 가서 아픈 곳에 손을 대고 기도를 했더니 어느 날 깨끗이 치료가 되어 엄마도 살아서 역사하시는 하나님을 체험했다. 어느 날 새벽기도를 마치고 나오는데 목사님께서 말씀하셨다.

"유 집사님, 이번 우리 교회 100주년 기념예배 때에 권사 직분을 받으셨으면 하는데요?"

"저는 아직 믿음도 없고, 애들 아버지도 교회 안 나오고… 아직

안 믿는 애들이 많아서 받을 수 없어요."

　엄마는 목사님 말씀을 듣고 난처해했다. 우선 권사 직분을 받으려면 교회에 내야 하는 감사헌금을 어떻게 준비해서 내야 할지 걱정이 앞서고 믿음이 없는 남편이 이해를 해 줄 리도 만무하고, 교회에 나가지 않는 자녀들이 감사 헌금을 준비해 줄 리도 없다고 단정한 엄마는 극구 사양을 하고 직분을 받지 않았다. 그리고 몇 해가 지나면서 자녀들이 하나둘씩 예수님 앞으로 나와 예수님을 믿고 교회에 나가게 되자 엄마는 후회했다. 젊은 집사님들이 권사직분을 받아서 교회 일 하는 것이 부럽기도 하면서 마땅찮아 보였다. 자신도 충분히 자격이 되는데도 기회를 놓쳐서 집사로 남은 것이 자존심 상해 그들에게 권사님이라는 호칭도 잘 나오지 않았다. 그러던 어느 날 새벽기도를 마치고 목사님께 살며시 얘기를 꺼냈다.

　"목사님! 지금은 남편도 교회에 나오고, 애들도 교회에 여럿이 다니기 때문에 지금이라도 권사 직분 받을 수 있을까요?"
　"지금은 집사님 연세가 많아서 어려운데 장로님들과 상의해 보지요."
　"명예 권사직도 있는 것으로 아는데요."
　"기다려 보세요. 집사님."

　그 뒤에 목사님은 아무 말씀이 없었다. 엄마는 새벽기도를 마치고 행여나 해서 기다려 보았지만 교회에서는 끝내 통보가 없었다.

　　　　　　　　　　　토기장이가 빚으신 간장종지

아버지도 생전에 예수님 믿고 아낌없이 건축헌금도 냈는데 엄마가 끝내 권사 직분을 받지 못하자 남편으로서 평생 수고한 아내가 직분을 받지 못한 것을 못내 아쉬워했다.

"엄마… 권사 직분은 교회 계급이 아니야. 교회에서 주님을 위해서 열심히 일하라고 준 직분이기 때문에 권사 직분 받고 일 안 하는 것보다 집사로 일 하는 것이 더 상급이 크니까 너무 아쉬워 하지 마세요."

엄마는 그 말을 알아들었는지 그날 이후로는 권사직에 대한 미련이 없었다.

✤

중국에서 날아온 황사와 꽃샘바람이 지나가고 봄비가 한차례 내리더니 이내 개나리가 꽃망울을 터뜨려 정애가 엄마 병원에 가는 길이 노란 개나리 꽃길이 되었다. 꽃길을 보니 작년에 먼저 떠난 아버지가 생각났다. 아버지도 생명이 푸릇푸릇 돋아나는 4월에 떠났는데. 엄마는 쓰러지고 한 달이 지났건만 회복될 기미가 보이지 않았다. 형제들은 수시로 병실을 돌아보며 의식이 돌아오기를 애타게 기다렸건만 여전히 차도가 없다. 엄마는 의미 없이 눈을 뜨고 있다가 살며시 감았다. 정애는 엄마 생신날도 들려서 아무것도 모르고 누워있는 엄마를 위해 기도를 했다.

"하나님 아버지, 우리 엄마를 불쌍히 여겨 주시고 긍휼을 베풀어 주옵소서! 엄마가 새벽기도 다니면서 자는 것처럼 편히 주님 품으로 가게 해달라고 기도한 엄마의 기도를 기억하여 주셔서 더 고생하지 않고 주님 곁으로 편안히 가실 수 있도록 인도해 주세요!"

뜨거운 눈물이 두 볼을 타고 흘러 내렸다. 엄마도 무의식 속에서 알아들었는지 감은 두 눈에 눈물이 흘렀다. 엄마는 뇌가 부어 있고 오른편 수족이 마비였다. 의식이 없기 때문에 신변처리는 간병인이 하고 음식은 코로 미음을 투입했다. 91회 생신날도 아무것도 모르고 외롭게 병실에 누워서 화사하게 봄날을 장식한 개나리와 철쭉꽃도 보지 못하고 눈만 멀뚱하게 떴다가 힘없이 감았다.

정애는 오늘도 혼자 아침을 먹고, 출근을 하려고 운동화를 신으면서 빈방을 향해 마치 엄마가 방 안에 있기나 한 것처럼 인사를 하고 나왔다.

"엄마! 갔다 올게."

정애는 출근을 해서도 병원에 누워있는 엄마 생각뿐이다. 어제 엄마 생전에 마지막 어버이 날이어서 퇴근을 하고 병원에 가는데 교통 체증이 대단했다. 부모님을 모시고 가족들끼리 외식을 하

토기장이가 빚으신 간장종지

러 나왔는지, 선물을 들고 시댁 어르신들을 찾아 나선 길인지, 아
니면 친정에 가는 길인지 사람만큼이나 자동차가 많았다. 선물을
사들고 찾아갈 부모님이 계신다는 것만으로도 그들이 행복해 보
이고 부러웠다. 엄마는 호흡하기가 어려운지 거칠게 숨소리를 내
며 몰아쉬다가 무호흡으로 30초쯤 있다가 또 소리를 내어 숨을 쉬
는데 안타까워서 볼 수가 없다. 정애는 아무것도 모르고 누워있
는 엄마 볼에 제 얼굴을 부비면서 평상시에 쑥스러워서 하지 못했
던 사랑한다는 말을 계속 되뇌었다. 평소에 엄마가 좋아하던 "여
자의 일생"도 "동백아가씨"도 혹시나 듣고 반응을 할까 싶어 옆
침대 할머니와 불러 보았지만 역시 반응이 없다. 이제 병원에서도
더 이상 치료 방법이 없다고 했다. 세월 앞에 장사가 없다더니 그
렇게 눈도 귀도 밝고 총기 있게 잘 살던 엄마가 의식 없이 두 달이
지나자 결국 사경을 헤매고 있다. 이제 엄마가 주님 곁으로 갈 때
가 가까워진 것 같아 교회 목사님을 모시고 예배를 드렸다.

주안에 있는 나에게 딴 근심 있으랴
십자가 밑에 나아가 내 짐을 풀었네

평안의 찬송을 부르고 요한복음 3장 16절 말씀을 들었다. 목사
님이 엄마의 손을 잡으며 "어머니, 예수님 믿으시죠?" 했더니 두
번 힘을 주어 자신의 의사를 표현했다. 하늘나라 가는 길을 예비
해 주러 오신 목사님이 고맙다는 감사의 표현이었을까! 아니면 목
사님이 당신의 영혼을 위해서 기도해 준 것을 안다는 싸인이었을

까! 엄마는 그렇게 노인 요양병원에 두 달 동안 뇌사상태로 병상에 누워 있었다. 소변이 나오지 않아 손발이 붓고 나중엔 얼굴까지 부어오르자 병원에서는 알부민 주사와 항생제를 맞으라고 했다. 그러자 형제들의 의견이 나뉘었다.

"의식이 없고 눈도 못 뜨고 혀도 항문도 풀려 있는데 주사를 맞는다고 뭐가 달라지겠어. 엄마가 지금 상태에서 좋아지면 얼마만큼 좋아지는데. 그냥 편히 가시게 하는 게 좋겠어!"

"가실 때 가더라도 소변이나 잘 보고 가야 될 거 아니여. 소변이 나오지 않아 온몸이 퉁퉁 부어서 돌아가실 텐데 불쌍해서 그걸 어떻게 보라고."

자녀들 의견이 분분하자 엄마랑 마지막까지 함께 지냈던 정애가 정리를 했다.

"그동안 우리 입장만 생각해서 엄마를 두 달 동안이나 힘들게 병원에 있게 했네. 엄마가 의식이 있을 때도 아버지 곁에 빨리 가고 싶어 했는데 엄마가 지금 모습으로 주사 맞고 더 살고 싶으시겠어? 엄마가 의식이 없어서 그렇지, 말을 할 수 있다면 그만 놓아 달라고 하셨을 거야. 모두들 엄마 입장에서 생각해 보자고."

정애 얘기가 설득력이 있어 결국 엄마에게 주사를 놓지 않고 그냥 보내드리기로 했다. 엄마는 날이 갈수록 손발이 붓고, 혈압도 떨어졌다.

토기장이가 빚으신 간장종지

유일한 손자가 미국에서 고등학교를 졸업하고 여름방학이 되어 할머니를 보러 병원에 왔다. 엄마는 무의식 속에서도 손자를 기다리느라고 두 달을 버티고 있었나 보다. 지난 밤에는 혈압이 20까지 내려가서 간호사는 비상근무를 했다. 정애는 사태가 심각함을 느끼고 교회 목사님께 예배를 부탁했다. 그날 밤 형제들이 모여서 예배를 드리는데 20까지 떨어지던 혈압이 75, 78로 상승했다. 예배 중에도 자녀들은 혈압기에서 눈을 떼지 못하고 예배를 드렸다. 목사님이 예배를 마치고 다녀가신 후, 30분 만에 엄마는 편안하게 영원한 하나님 나라로 떠났다.

～✿～

뜻하지 않은 임종예배였다. 두 달 동안 무의식으로 누워 있었기 때문에 자녀들에게 그동안 못다 한 효도할 기회도 주고, 자녀들 사랑도 받으시고 가셨지만 막상 세상을 떠나고 나니 정애는 엄마가 그리웠다. 무엇보다도 부모님 생전에 마음고생을 많이 시켜서 불효를 했는데 두 분을 구원받게 하고, 천국환송까지 할 수 있게 되어 마음이 기쁘고 감사했다. 3일 동안 정신없이 문상객들을 받고, 영구차를 타고 장지로 가는데 고속도로 주변은 벼 못자리판이 잔잔한 초록물결을 이루고 있고, 가로수는 초여름의 녹음이 성성해서 힘차 보였다.

"엄마! 하늘나라에 가니까 좋아?"

정애는 기도하다가 슬픈 마음을 추스르고 조용히 마음속으로 엄마를 불러 보았다. 갑자기 하늘에서 아기천사 대여섯 명이 나팔을 불며 기러기 떼처럼 오른쪽으로 지나가는 환상이 보였다. 주님은 필요할 때마다 정애에게 환상을 보여 주어서 된 일이나 될 일을 미리 보여 주어 확신을 주셨다. "망자는 천국 가는 길을 모르기 때문에 천사가 그 길을 안내한다"는 목사님의 설교 말씀이 떠올랐다. 작년에 아버지가 가실 때는 하관예배를 보지 못해 서운했는데 엄마 하관예배 때는 하나도 놓치지 않고 보면서 기쁨으로 떠나보냈다. 두 아들은 삽질을 해서 흙을 덮고 딸들은 하얀 국화 꽃잎을 뜯어서 천천히 뿌렸다. 하얀 국화 꽃잎이 흩어져 엄마의 시신이 들어있는 관 위에 살포시 내려앉았다. 정애는 "주 안에서 죽는 자가 복되도다"(계 14:13)는 말씀을 묵상하며 마지막 인사를 하는데 베드로전서 1장 24절 말씀이 생각났다.

모든 육체는 풀과 같고 그 모든 영광은 풀의 꽃과 같으니 풀은 마르고 꽃은 떨어지되 오직 주의 말씀은 세세토록 있도다

모든 만물은 때가 다하면 소멸되고 오직 주의 말씀만 영원해서 정애 자신을 지키고 인도해 주시리라는 진리의 말씀이 새삼스럽게 마음에 와 닿았다. 정말 인생이 잠깐 있다가 없어지는 안개와 같고 새벽이슬 같았다. 막연하게 관념적으로만 알고 있었던 성경 말씀이 현실적으로 마음에 와 부딪쳤다. 그리고 삼우제 날 고속버스를 타고 가면서 혼잣말로 물었다.

토기장이가 빚으신 간장종지

"엄마! 아버지 만났어?"

운명하시고 병원으로 갈 때 갈아입은 분홍색 한복을 입은 채로 하늘에서 옷고름과 치맛자락을 나풀거리며 옆 사람과 손을 맞잡고 정애에게 다가오는 것이 아닌가! 정애는 눈물이 왈칵 쏟아졌다 '아, 엄마랑 아버지는 하늘나라에 함께 계시는 구나!' 주님은 의지 없이 홀로 남은 정애에게 부모님이 하늘나라에 가신 것을 환상으로 친절하게 보여주시며 확신을 주셨다. 엄마가 세상을 떠날 때에 미국에 있는 막내 여동생은 나오지 못하고, 엄마가 세상 떠나기 전에 기도 중에라도 꼭 나타나서 자기를 만나고 떠나게 해 달라고 기도했다는데 거짓말처럼 기도 중에 엄마가 나타나서 말씀하셨다고 한다.

"경란아! 이제 엄마는 아버지 만나러 간다. 약국언니 예수 믿고 천국에서 엄마 만나자고 전해 주고, 너희들 교회 봉사 잘하고 주님께 충성하다가 천국에서 만나자!"

여동생은 미국에서 결혼해 엄마와 멀리 떨어져 살고 있었기 때문에 엄마의 믿음의 정도를 잘 몰랐는데 기도 중에 나타난 엄마의 믿음 있는 소리를 듣고 여동생은 놀랐다고 했다. 언니는 이번 엄마를 떠나보내면서 약국을 그만 두면 교회 나갈 것을 이미 마음으로 준비하고 있었다.

정애는 오늘이라도 이 세상을 떠나면 천국에 가서 엄마를 만날 것을 확신하는데도 인간적으로 엄마가 보고 싶고 그리워서 잠을 이룰 수가 없다. 엄마가 두 달 전에 쓰러져서 병원에 누워 있는 동안에도 처음에는 앞으로 엄마와 함께할 수 없다는 헤어짐 때문에 슬퍼서 눈물이 났고, 그다음은 잘못한 것이 많이 생각나 미안해서 울었다. 그리고 지금은 엄마가 보고 싶어서 눈물이 난다. 어제 밤에는 문득《따오기》동요가 생각나면서 "엄마!" 하고 부르면 "응?" 하고 금방 대답하고 곁으로 다가와서 만져질 것 같았다.

보일 듯이 보일 듯이 보이지 않는/ 따옥 따옥 따옥 소리 처량한 소리
떠나가면 가는 곳이 어디 메이뇨/ 내 어머니 가신 나라 해 돋는 나라
잡힐 듯이 잡힐 듯이 잡히지 않는/ 따옥 따옥 따옥 소리 구슬픈 소리
날아가면 가는 곳이 어디 메이뇨/ 내 어머니 가신 나라 달 돋는 나라
약한 듯이 강한 듯이 또 연한 듯이/ 따옥 따옥 따옥 소리 적막한 소리
흘러가면 가는 곳이 어디 메이뇨/ 내 어머니 가신 나라 별 돋는 나라

보통 사람들은 이승을 떠나면 이 노래처럼 막연히 하늘나라에 가는 줄 알고 있다. 그러나 기독敎에서의 죽음은 영과 육이 분리되는 것을 말하고, 죽음 후에는 심판이 있다고 가르친다.

한번 죽는 것은 사람에게 정해진 것이요 그 후에는 심판이 있으리니
히브리서 9:27

토기장이가 빛으신 간장종지

만물을 창조하신 창조주 하나님은 만세 전에 정애를 선택해서 가정구원을 위한 계획을 가지시고 우상숭배 하는 집에서 그녀의 의지와는 상관없이 병을 주셔서 부르셨다. 건강한 육신은 누구에게나 힘이 되지만 특히 정애에게는 육신이 힘이요 자랑이었다. 하나님은 정애의 힘이 되었던 육신을 사탄에게 내어주어 육신은 멸하고 영은 주 예수의 날에 구원을 받게 하셨으니(고린도전서 5:5) 고난 중에서도 끝까지 믿음을 지켜서 부모님이 구원받고 천국가게 하시니 모든 시름이 한꺼번에 사라지고 승리의 노래가 가슴 깊은 곳에서 흘러 나왔다.

환난 날에 여호와께서 네게 응답하시고 야곱의 하나님의 이름이 너를 높이 드시며 성소에서 너를 도와주시고 시온에서 너를 붙드시며 네 모든 소제를 기억하시며 네 번제를 받아 주시기를 원하노라(셀라) 네 마음의 소원대로 허락하시고 네 모든 계획을 이루어 주시기를 원하노라 우리가 너의 승리로 말미암아 개가를 부르며 우리 하나님의 이름으로 우리의 깃발을 세우리니 여호와께서 네 모든 기도를 이루어 주시기를 원하노라 여호와께서 자기에게 기름 부음 받은 자를 구원하시는 줄 이제 내가 아노니 그의 오른손의 구원하는 힘으로 그의 거룩한 하늘에서 그에게 응답하시리로다 시편 20:1~6

아멘 할렐루야~

II

하나님의
선물

10여 년 만에 안 목사님으로부터 안부전화가 왔다. 목사님은 현재 LA에서 신학교를 운영하고 있는데 한국과 중국에 분교를 내고 싶고, 중국 상해에 유학원을 세워서 북한선교를 하며 탈북자를 돕는 사역을 하고 싶다고 했다. 선교자금이 모이면 우상을 섬기며 교육적으로 무지한 우상숭배의 나라, 베트남이나 캄보디아 미얀마 네팔에 고아원 사역을 하고 싶다고 기도를 부탁하면서 정애에게도 선교에 동참할 것을 기도로 순비하라고 했다. "마음의 경영은 사람에게 있어도 말의 응답은 여호와께로부터 나오느니라(잠언 16:1)"고 하였으니 정애는 바랄 수 없는 중에 믿음을 가지고 기도했다. 그는 이제 나이가 60이 넘어서 사역이 끝났다고 생각하고 직장에 다니고 있는데, 목사님을 통하여 주신 새로운 비전을 마음에 품고 주님의 뜻이면 인도해 주시라고 꾸준히 기도를 하며 지냈다.

토기장이가 빚으신 간장종지

너희 안에서 행하시는 이는 하나님이시니 자기의 기쁘신 뜻을 위하여
너희에게 소원을 두고 행하게 하시나니 빌립보서 2:13

기도하는 중에 20여 년 전에 목회자 세미나에서 안 목사님을 처
음 만났던 일이 생각났다.

목사님을 만났을 때, 하나님 뜻이 궁금해 '하나님 아버지, 어떻
게 안 목사님과 같이 훌륭하신 분을 만나게 하셨어요?' 묵상하며
길을 걷고 있는데 "선물! 선물! 선물!"이라는 소리가 공중에서 떠
다니며 새소리처럼 들렸다. 정애는 자기처럼 별 볼일 없는 장애인
교회 장애인 전도사에게 아무도 관심이 없는데 안 목사님은 미국
에서 오래 살아서 레디퍼스트가 몸에 배어서인지 아니면 복지 마
인드가 있어서 인지 점심 식사할 때마다 줄을 서서 정애 것까지
챙겨주며 친절하게 대해 주었던 생각이 났다. 할머니로부터 형님
에 이어 고아원 사업을 오랫동안 한 가정이어서 인지 배려심이 깊
숙이 몸에 배어 있는 귀한 분이었다. 그리고 까맣게 잊어버렸는데
10여 년 만에 미국에서 기도를 부탁한다는 연락이 온 것이다. 정
애는 이제 아무런 힘이 없는데 하나님은 그를 다시 부르고 계셨
다. 정애 나이는 사람의 생각으로 많은 것이지 하나님의 생각으로
는 이때가 가장 최선의 하나님의 때이기 때문에 그때를 맞추어서
부르신 것이라는 믿음이 왔다.

모세는 애굽에서 430년 동안 노예생활을 하던 이스라엘 백성
을 이끌어 내라고 명령받은 나이가 80세였고, 갈렙과 여호수아도

80세가 넘어 하나님께 쓰임 받고 이스라엘 백성을 가나안 땅으로 인도하게 하셨으니 성경적으로 보아도 나이가 많다고 사역을 못하는 건 아니라는 생각이 들었다. 마침 조이 선교회에서 발행한 『시니어 선교사』라는 책에서 인간의 평균 수명이 길어져서 노인 100세 시대인 지금, 선교지에서 필요한 여러 분야에서 은퇴하신 분들의 헌신이 필요하다고 쓰인 글을 보았다.

하나님께 쓰임 받은 성경 속의 위대한 인물들이 활동했던 시대적인 상황과 여건이 오늘날과 다르지만 추수할 것은 많은데 추수할 일꾼이 적다는 말씀은 어제나 오늘이나 동일하기 때문에 일꾼은 어디에나 필요한 것은 마찬가지라는 믿음이 왔다. 하나님은 나이대로 일하시는 것이 아니라 사명 따라 일하신 다는 것도 알게 되고, 언젠가 은혜받은 목사님 말씀도 생각이 났다.

"하나님의 소명에는 은퇴가 없다"

그러나 인간적으로 정애는 이제 자신을 믿을 수가 없다. 힘도 없고, 지혜도 능력도 없어 아무 일도 못할 것 같지만 하나님께서 붙잡아 주시면 헌신할 마음의 준비는 되어 있어 부족하고 연약한 몸이지만 복음 들고 주의 사랑으로 어디든지 가리라는 확신으로 기대감을 가지고 기도했다. "어떠한 영혼을 만날지 모르지만 내게 맡겨진 영혼들을 위해 주께서 저를 사랑하시듯이 저도 저들을 사랑할 수 있는 마음을 주시고, 저의 장애가 복음을 전하는데 방해가 되지 않게 하시고, 저의 약점이 주님을 높이는 일에 강점이 되

토기장이가 빚으신 간장종지

어 영광 돌리게 해 달라"고 떼를 쓰듯이 기도했다.

꙰

　20여 년 전에 안 목사님을 만났을 때 있었던 일화도 생각났다. 그 당시에 정애는 한 자매를 전도해서 알고 지냈는데 네 살 된 아들을 데리고 지방에서 올라와 정애의 아파트 가까운 곳에서 살고 있었다. 아무 대책 없이 서울로 올라온 자매와 함께 장애인 부서에서 교사로 섬기면서 재미있게 신앙생활하고 있었는데 자매가 갑자기 교회에 나오지 않고 소식이 두절되었다. 그리고 몇 달이 지나서 대전에 있는 ○○절에서 아들과 함께 지내고 있다고 연락이 왔다. 그 소식을 들은 정애는 절에 있는 자매의 영혼이 불쌍해서 혼자 내려가지도 못하고 기도만 하고 있을 때에 안 목사님이 구원투수로 대전에 내려가서 설득적 사랑으로 상담하고 기도해서 절에서 나오게 했다. 그때 자매는 비구니 옷을 입고 낙엽을 쓸고 있었다고 했다.

　그리고 10년 동안 그 자매의 소식을 모르고 지내던 어느 날, 그가 정애 집에 와서 큰절을 넙죽하면서 고맙다고 해서 우리는 서로 부둥켜안고 울었던 일이 있다. 그동안 자매는 절에서 나와서 안 해본 것 없을 만큼 여러 가지 힘든 일을 하며 다시 교회에 나갔고, 살아계신 주님을 만나서 전적인 하나님의 은혜로 지방 신학교를 졸업하여 지금은 지방에서 이주민 사역을 하고 있다고 했다. 네 살이었던 아들은 고등학생이 되어 교회에서 고등부 회장으로 학생회를 섬기고 있다고 했다. 너무나 감사하고 만남의 축복을 주신 하나님께 영광을 돌렸다. 하나님의 계획은 정말 신묘막측하다.

누가 꿈엔들 생각했을까. 우연히 동네 ATM 부스 안에서 만난 자매를 풀무불 같은 고난을 통과케 하시고 당신의 일꾼으로 부르신 주님의 역사가 놀라워 한참 동안을 함께 찬양했다.

"세상의 미련한 것들을 택하사 지혜 있는 자들을 부끄럽게 하시고 약한 것들을 택하사 강한 것들을 부끄럽게 하시며 세상의 천한 것들과 멸시 받는 것들과 없는 것들을 택하사 있는 것들을 폐하려 하시나니 이는 아무 육체도 하나님 앞에서 자랑하지 못하게 하려 하심이라(고린도전서 1:27~29)"는 말씀이 그대로 이루지고 있었다.

선교지에 가면 어떠한 사역을 해야 할지 모르는데 기도하는 기간에 꿈을 꾸었다. 재롱이잔치하는 공연장이었다. 정애 차례가 되어 멜빵바지를 입고 나가는데 갑자기 암전이 되고 꿈을 깼다. 정애는 꿈속에서도 놀라면서 자기가 입고 있는 멜빵 반바지가 참 잘 어울린다고 생각했다.

꿍

정애는 장로교회에서 장애인 사역을 마치고 23년 전, 주님을 만나고 복음을 알게 해 준 논현동에 있는 친정교회에 나갔다. 친정교회는 변함없이 2대 목사님을 중심으로 말씀 충만 은혜 충만으로 세계선교에 비전을 갖고 성령이 역동하는 살아있는 교회로 성장하고 있어 딱히 봉사할 부서가 없었다. 교회가 세계선교를 비중 있게 후원하고 있어 기도하는 일에 동참하여 7년 동안 200여 곳을 넘게 선교지와 미자립교회 등 관계기관을 기도하며 신앙생활하고 있는데 안 목사님이 은퇴하시고 50년을 넘게 산 미국생활을 정리하고 대한민국 국적회복과 동남아 선교지를 돌아보기 위하여 한국에 나오셨다.

목사님은 한 달 동안 베트남과 태국 캄보디아까지 단숨에 선교여행을 다녀왔는데 중점적으로 관심 있게 보신 것은 불쌍한 아이들 영혼이었고, 복음을 듣지 못하고 전통에 사로잡혀서 교육도 받지 못하고 우상을 섬기며 살아가는 그들에게 복음과 함께 교육을 시켜야 한다는 절박함을 느꼈다고 하시며 다시 미국으로 떠났다.

그리고 1년 후에 국적회복이 되었다는 법무부 연락을 받고 나와서 동남아 쪽을 선교하려면 한국과 지리적으로 가깝고 우리나라와 관계가 좋은 베트남이 좋겠다 하여 일단 베트남에 선교 센터를 두기로 하고, 정애는 안 목사님과 둘이서만 선교지에 가는 것보다 목회하다가 1년은 선교지에 가서 사역하며 몸을 드리고 싶어 하는 친구인 선 목사와 함께 동역하기로 하고 기도하며 준비했다.

막상 선교지로 떠나기 전에 경비를 마련하는데 어려움이 있어 막막했다. 형제들에게 선교계획을 얘기 하자니 몸도 안 좋은데 어디를 가느냐고 붙잡을 거 같아 말도 꺼내지 못하고 답답한 마음으로 무시로 기도하며 지내는데 "내 일을 네가 왜 걱정하느냐"는 주님의 세미한 음성이 들렸다. 믿음의 기도를 하면서도 살아계신 주님을 전적으로 신뢰하지 못하고 후원해 줄 분들만 생각하고 있던 자신이 한없이 부끄럽고 죄송했다. 사실 1년을 목표로 하고 떠날 선교여행이었기에 많은 재정이 필요했다.

그런데 함께 동역하기로 한 두 분 목사님은 선교지에 가서 쓸 경비가 준비되지 않아 오직 주님의 인도하심만 바라고 믿음으로 기도하고, 선교준비를 하며 틈틈이 경비를 모아왔던 정애는 기도하면서도 걱정이 되었다. 역시 목사님의 믿음과 전도사 믿음의 분량은 달랐다. 그러나 세심하게 살피고 계시는 주님의 확실한 음성을 들은 후에는 편안한 마음으로 베트남 호찌민시를 향해 두 목사님과 함께 갈 바를 알지 못하고, 고향과 친척과 아비 집을 떠난 아브라함(창 12장)처럼 믿음으로 마음의 준비를 하며 기도로 준비했다.

43년의 신앙생활 속에서 체험한 주님의 은혜와 사랑에 빚진 자로서 그 크신 사랑을 갚을 길 없는 정애는 주께서 자신을 향해 큰 그림을 그리고 계실 것을 믿고, 무슨 일이 자신을 기다리고 있을지 모르지만 마주할 영혼들을 생각하면 기대도 되고 설레어서 빨리 선교지를 향해 날아가고 싶었다.

호찌민시는 93년도에 장애인 선교 차 한 번 다녀오긴 했지만 지금의 형편과 조건을 생각해 보면 두려움이 앞섰다. 가깝게 지내는 믿음 좋은 권사님은 걱정이 되어 선교지에 나가는 것을 말렸다. 정애는 "권사님, 보이는 제 연약함만 보고 걱정하지 마시고 제 등 뒤에서 일하시는 능력의 주님을 믿고 기도해 주세요."라고 기도부탁을 했다. 그 뒤부터는 부정적인 얘기는 하지 않았다. 사실 말은 그렇게 담대히 했지만 여전히 두려워 약할 때 강함 되시는 주님의 능력이 함께 하시기를 기도하는데 "네가 물 가운데 지날 때에 내가 너와 함께 할 것이라 강을 건널 때에 물이 너를 침몰하지 못할 것이며 네가 불 가운데로 지날 때에 타지도 아니 할 것이요 불꽃이 너를 사르지도 못 하리니(이사야 43:3)"라는 말씀이 생각나서 힘이 나고, 은혜로운 찬양곡 "주 품에 품으소서"를 부르면 주께서 가까이 계심이 느껴져 평안해 지곤 했다.

주 품에 품으소서 능력의 팔로 덮으소서
거친 파도 날 향해 와도 주와 함께 날아오르리
폭풍 가운데 나의 영혼 잠잠하게 주 보리라
주님 안에 나 거하리 주 능력 나 잠잠히 믿네
거친 파도 날 향해 와도 주와 함께 날아오르리
폭풍 가운데 나의 영혼 잠잠하게 주 보리라
거친 파도 날 향해 와도 주와 함께 날아오르리
폭풍 가운데 나의 영혼 잠잠하게 주 보리라

새로운
세계

　정애는 인천공항을 가기 위해 평소에 자주 애용하는 장애인 콜택시를 신청해 놓고 일행과 함께 기다렸다. 벌써 공항에 도착해야 할 시간이 지났는데도 콜택시는 연락이 없다. 시간이 점점 흐르는데 걱정이 되어 전화를 했더니 가뭄에 단비처럼 반갑게 연결이 되었다. 그러나 일행의 기대와는 다르게 콜택시가 오다가 경보등이 켜져 운행할 수 없다는 것이다. 마음이 급해진 일행은 서로 손을 맞잡고 합심기도를 하고 큰 가방 작은 가방 9개, 120키로가 넘는 무거운 가방을 밀고 리무진 공항버스를 타고 인천공항에 도착했다.

　보이지 않은 어두운 방해 세력에도 불구하고 출국 1시간 20분 전이었다. 그 짧은 시간 안에 크고 작은 캐리어와 이민 가방 2개와 모두 9개 짐을 부치고 수속을 밟고 탑승을 해야 하는 것이다. 카트 3개에 큰 가방 3개씩을 나눠 싣고, 출발 시간이 촉박해 두 목사님은 달리면서 이동했다. 안 목사님과 선 목사는 가방 3개씩을 실은 무거운 카터를 밀고 앞에서 뛰어가고, 세 사람의 짐을 두 목사님이 이동하는데 그들의 손도, 힘도 부족해 보여 정애마저 자기 몸보다 두 배나 큰 카터를 절름거리며 한 손으로 천천히 밀고 가는데 마주 오던 인도 남자가 측은해 보였는지 "may I help you?" 하는 것이다. 정애는 반가워서 "ok, thank"를 하고 뒤에서 절름거리며 따라갔다. 더군다나 정애는 휠체어를 이용해야 했기에 올 때까지 기다려야 했다. 시간은 계속 흐르는데 정애 일행은 초인적인 힘을 내어 주님의 도우심으로 이륙 10분 전에 탑승해서 하늘을 나르고 있었다. 온몸이 땀으로 범벅이고 마치 꿈을 꾸고 있는 듯했다. 저가 비행기를 탔기 때문에 비좁은 공간 안에서 많은 생각이 오가는데 새삼스럽게도 42년 전에 교회에서 처음 은혜받고 아무것도 모르면서 선교사로 헌신했던 일이 생각나 정애는 전율을 느꼈다.

그 당시 대학생 선교회를 창시하였던 김준곤 목사님이 "가서 제자 삼으라"는 마태복음 28:19~20 말씀을 전하셨는데 그 예배에서 정애는 처음 비전$_{vision}$이라는 단어를 듣고 영혼의 가치를 알고 가슴이 뛰어 선교사로 헌신했던 것이다. 그런데 하나님께서 잊지 않으시고, 정애 나이 68세에 비행기를 타게 하시고 선교지를 향해 날아가게 하시니 "너희 안에서 착한 일을 시작하신 이가 그리스도 예수의 날까지 이루실 것을 우리는 확신하노라(빌립보서 1:6)"는 말씀이 체험이 되어 다시 한 번 확신을 얻었다. 우리는 비록 잊을지라도 주님은 기억하시고 인도하고 계신다.

정애 사역은 끝났지만 사명을 따라 선교지에서 그의 인생에 새로운 삶이 시작되었다. 인생의 후반전은 짧다. 어느 때 보다도 빨리 지나간다. 그래서 주 안에서의 남은 인생은 더 소중하다는 생각이 들었다. 지극히 연약하고 부족한 사람을 향해 일하실 주님의 신실하심을 믿고 6시간을 날아 호찌민 공항에 새벽 1시가 넘어서 도착했다. 이른 새벽인데도 베트남의 후끈한 열기가 느껴졌다.

호찌민 참조은 광성교회 정해일 안수집사님 안내로 호텔에서 짐을 풀고, 참조은 광성교회 중보기도 시간에 참석해 감사기도부터 드리고 오후에는 친구 목사와 거처할 아파트를 얻었다. 호찌민 참조은 광성교회는 마취과 의사 선생님을 했던 문 목사님과 초등학교 교사를 한, 강 목사님 두 부부 목사님이 성도님들을 섬기고 있는데 서울의 큰 교회 못지않게 프로그램도 다양하고, 기도와 성경공부, 뜨거운 찬양이 끊어지지 않은 살아있는 교회였다. 특이한 사역으로는 호찌민 인근 도시에 있는 어린이들까지 300명 넘게 심장병을 수술해 주며 섬기고 있는 귀한 교회였다.

베트남은 자국민에게 직접 전도할 수 없기 때문에 의료와 지역구제사역으로 이웃사랑을 몸소 실천한 교회로써 귀감이 되었다. 정애는 3개월 동안 호찌민시 푸미흥에 머물면서 새벽기도 철야기도 가정예배까지 사역지와 성령의 인도하심을 위해 날마다 기도하며 은혜 속에 살았다. 선교지에 나오면 오직 주님 한 분만 바라보도록 주바라기가 되는 것 같다. 외국이라 아는 사람도 없고 말도 통하지 않은 곳에서 사역하기란 절대적으로 주님의 도우심이 필요했다. 그래도 호찌민시에는 한국인들이 많이 살고 있고 한국인 교회도 많아 큰 어려움은 없었다. 단지 사역을 하려니 주님의 뜻을 물어야 했고, 성령의 인도하심을 받아야 했기 때문에 자나 깨나 기도하며 주님께 집중하지 않을 수 없었다. 베트남 날씨와 환경에 잘 적응해 가는데 가장 먼저 했던 일인 방문 사역부터 주께서 함께 하고 계심을 느낄 수 있어 감사했다.

아직도 50여 년 전에 있었던 베트남 전쟁의 아픈 역사 속에 남아 있는 라이따이한 후손과 이주민 가정에서 태어나 부모의 이혼으로 베트남 최남단에 위치한 까마오에서 국적 없이 이모 손에서 자라고 있는 쌍둥이 형제 황수선, 수영(10세)을 찾아 나섰다. 푸미흥에서 교외로 나가자 3모작을 하는 넓은 평야가 시원하게 펼쳐져 확 트인 시야가 넓고 밝았다. 가끔씩 눈에 띄는 야자수와 논 한가운데 있는 장묘_{葬墓}가 어색하게 다가와 이국을 실감케 했다.

정애 일행은 수소문 끝에 이미 중년으로 변한 라이따이한 김상일(50세, 베트남 이름-다이 낫트란) 집사님을 어렵게 만나서 이야기를 들어 보았다. 그는 우리를 만나자마자 울분을 토하면서 "나는 이 나이가 되도록 우리 아버지가 누구인 줄 모릅니다. 전두환 대통령 때부터 청와대에 정권이 바뀔 때마다 물어 보았지만 아무도 답변해 주지 않았습니다." 하며 누구도 책임져 주지 않은 한국 정부를 향해 분노했다. 그동안 하나님을 믿는 기독교 단체 여기저기서 도와주겠다고 방문한 사람들도 많았지만 돌아온 것은 생색만 냈지, 해결의 실마리를 찾아볼 수 없는 울리는 꽹과리였단다.

그는 울분을 토하면서 "이명박 박근혜 선교사 목사 모두 개 소"라고 포효하듯 으르렁 댔다. 옆에 집기라도 있으면 던질 위세였다. 개나 소는 그래도 제 새끼를 감싸고 돌보는데 그들은 짐승만도 못하다는 얘기를 하고 싶은데 적절한 표현을 제대로 못하는 듯했다. 정애는 김 집사님의 절규를 들으면서 베트남 사회에서 이방인으로 살면서 차별받고 무시당한 서러움이 느껴졌다. 외롭게 주변인으로 살아왔던 아픔과 아버지의 나라를 지척에 두고도 찾아볼 수 없는 현실이 가여워서 정애는 눈물이 났다.

김 집사님의 안내로 같은 아픔을 안고 자라고 있는 쌍둥이 형제를 찾아 태국과 가까운 국경 지역에서 쪽배를 타고 아시아의 젖줄인 메콩강 하류의 바다와 만나는 섬, 썸늑이라는 섬을 찾았다. 바울의 선교여행처럼 강의 위험과 바다의 위험(고린도후서 11:26)을 경험하는 위험한 순간이었다. 정애는 한국인의 핏줄을 찾아서 주님의 사랑을 전해야 한다는 일념으로 쪽배에서 불안하게 내리는데 어디선가 갑자기 나타난 건장한 청년이 정애를 업어서 내려 주었다. 돌이켜 생각해보니 그는 과연 하나님이 보내 주신 천사였으니 함께해 주신 주님을 찬양하지 않을 수 없었다. 섬에서 3시간여 지체했는데 그 청년의 모습은 끝내 보이지 않았다.

정애는 여전히 지체장애 2급의 반신불수로써 왼편 손목과 손가

　　　　　　　토기장이가 빚으신 간장종지

락, 발목과 발가락을 움직일 수가 없다. 당연히 왼편 팔다리도 힘이 없고, 몸이 자유롭지 못하니 좁고 긴 쪽배 안에서 중심을 잡을 수 없어 정말 불안하고 위험천만이었다. 자칫 발을 잘못 디디면 고기밥 신세가 될 수도 있는데⋯ 그러나 주님의 은혜로 무사히 섬에 내려 황수선, 수영 두 형제를 만났다.

비좁고 허름한 골목으로 들어서자 이모 손에 이끌려 나온 아이들은 고맙게도 튼실해 보였다. 친구 목사의 눈물어린 기도와 작지만 마음을 담은 헌금을 전하고 나오는데 안타깝고 마음이 아팠다. 엄마가 한국에서 일을 해서 생활비를 보내 준다고 했지만 한창 부모의 돌봄과 사랑이 필요한 아이들의 성장기가 걱정되었다. 한 영혼을 천하보다도 귀히 여기시는 주님의 마음으로 메콩강 하류를 따라서 수천 리를 마다하지 않고 불편한 몸으로 다녀왔는데 마음한편이 무겁고 주께서 기뻐하시는 선한 일을 하고 왔음에도 정애는 기쁨이 없었다. 그래서 프미홍 집으로 돌아오는 길에 주민들을 실어 나르는 모터 달린 작은 배를 타고, 넓고 넓은 메콩강을 한 바퀴 돌았다.

메콩강은 동남아시아의 젖줄로써 중국에서 발원하여 미얀마 태국 라오스 캄보디아를 거쳐 남중국해로 흘러가는 동남아시아의 최대 강으로 세계적으로 손꼽히는 크고 긴 강이다. 길이만 해도 4,000킬로미터가 넘고, 넓이가 좁게는 20~30미터에서 넓은 곳은 2킬로미터라니 가히 상상할 수 없는 어마어마하게 큰 강이다. 정애 일행은 강줄기를 타고 아름다운 주변의 무성한 숲을 구경하며 골짜기를 따라 깊숙이 들어가 더위를 식혔다. 강물의 흐름은 완만

했고 드문드문 수초 같은 "늑벙"이란 싱싱한 풀이 넓은 강을 군데 군데 무더기로 덮고 있어 흙탕물 같은 메콩강에서도 생명력을 느낄 수 있었다. 다른 배 안에는 살림을 하는지 가재도구도 보이고 세탁물도 널려 있었다. 강 주변에는 수상가옥처럼 위험하게 집들을 짓고 살고 있는데 어느 여인은 그 혼탁한 물에서도 빨래를 짜고 있었다.

※

하루는 주일 아침 일찍이 택시를 대절해서 호찌민시 항몽구에 있는 소수민족이 예배하는 비땐_{Be-Ten} 교회에 가서 성도님들과 교제하며 주님의 사랑을 나누었다. 짧은 만남이었지만 차 한잔을 앞에 놓고 주님의 역사와 인도하심을 나누는데 사역자들과 성도님들이 너무 귀해 보여 가슴이 뭉클했다. 시내에서 멀리 떨어진 고산지대에 교회를 세우고 농사를 지으며 순수하게 신앙생활하고 있는 그들에게 동지애 같은 끈끈한 정이 느껴졌다. 베트남 메노나이트 교파에 속해 있는데 고산지대 소수민족의 교세는 2,000여 명이라고 여 목사인 총회장이 설명해 주었다. 무엇보다도 그곳까지 복음이 전파되어 교회가 세워져 있고, 우상을 섬기는 나라에서도 주님의 자녀로 예배하며 살게 하신 하나님의 무한하신 사랑과 은혜에 감사했다.

그곳까지 간 김에 김상일 집사가 개척한 은혜교회까지 들렀다. 캄보디아와 국경지대인 목바이는 한국의 여느 마을처럼 깨끗하고 평온한 마을이었다. 햇볕이 쨍쨍 내리쬐어 뜨거운 날씨인데 비쩍 마른 강아지 한 마리가 일행을 마중 나온 듯이 꼬리를 흔들며 다가왔다. 교회에 들어서니 열댓 명 되어 보이는 아이들이 태권도 연습을 막 마치고 오후예배를 준비하고 있었다. 오후예배를 드리는데 영리하게 생긴 예쁜 여자아이가 요한복음 1장과 여러 군데 성경말씀을 암송했다. 대견하고 사랑스러웠다. 준비해 간 간식을 전하고 나오는데 백 보드에 〈나는 오늘 교회에 간다〉라는 글씨가 눈에 띄어 반가웠다. 교회에서 한국어도 가르치고 있는 듯했다.

베트남은 교통 수단이 오토바이로 주로 이동하기 때문에 시내 거리는 물론, 사람이 지나 다닐 수 있는 비좁은 골목까지 오토바이가 즐비해서 다니기가 위험했다. 호찌민 사람들의 오토바이 행렬은 장관이고 그 기세가 당당해 보였다. 앞에서 뿜어내는 매연을 피해 입과 코를 막고 복면을 쓰고 달리다가 빨간 불이 켜지면 일제히 서고, 파란 불로 신호등이 바뀌면 일제히 앞으로 진격하는데 마치 총만 안 들었지 토벌꾼 같았고, 영화에서 본 독일군의 전차 부대를 연상시켰다. 도로 사정이 울퉁불퉁 좋지 않아 걸어 다니기에 힘이 들었다. 또 건축 양식이 계단이 많고, 계단 높이가 높아 지체장애인으로 베트남에서 사역하기란 적합하지 않다는 생각이 들었다.

낮에는 덥기 때문에 이른 아침부터 드릴 돌아가는 소리, 기계톱 지나가는 소리 등 날카로운 기계음으로 시끄럽게 하루가 시작되었다. 베트남의 발전과 도약을 보는 듯했다. 영업을 하는 상점마다 좌상의 작은 우상을 차려 놓고 손님들을 부르고 있었다. 어느 카페 앞에 차려 놓은 음식 중에는 커피 한잔도 놓여 있었는데 영업집이니 당연하다는 생각이 들면서도 웃음이 나왔다. 저마다 작은 우상들을 가장 좋은 자리, 상점 맨 앞에 차려놓고 믿고 사는 저들의 우매함이 안타까웠다.

정애는 저녁에 가정예배를 드리고 나면 일찍 잠자리에 들기 때문에 새벽예배에 갈 시간까지 서너 번씩 깨어 기도하다가 잠이 들곤 했다. 그래서 석 달 동안 깊은 잠을 잔 적이 없다. 낮에는 선교사님들을 만나고 선교지를 보러 다니느라 피곤했지만 새벽기도는 빠지지 않고 날마다 주님과 말씀으로 친밀한 교제를 나눌 수 있어 감사했다. 참조은 광성교회 버스가 아파트 앞까지 와서 하루의 시작을 주님께 드리고 기도하던 일이 얼마나 소중하고 기뻤는지 정애는 새벽 시간이 기다려졌다. 지금도 푸미흥의 어두운 새벽 하늘을 바라보며 베트남 땅을 향해 기도하고, 아파트 정문에서 안 목사님을 만나서 스트레칭을 하며 교회버스를 기다리던 일이 아름다운 기억으로 생각이 난다. 안 목사님은 정 집사님 사무실 건물 4층에 기거 했는데 모기가 많아 날마다 물려서 연고를 바르며 고생이 많았다. 안 목사님은 은퇴하시고 "남은 여생을 선교지에서 몸 바쳐 일하려고 왔는데 모기에게 먼저 피를 빨리며 몸 바치고 있다"고 조크를 해서 정애와 친구 목사는 조용한 새벽을 깨울 만큼 큰 소리로 웃었다. 정애도 짧은 3개월이었지만 모기에게 뜯기고 물이 바뀌어 매일 장청소를 하는 수업료(?)를 내면서 선교사님들의 고충을 조금이나마 체험할 수 있어 감사한 나날을 보냈다.

나이도 많고 불편한 몸으로 선교지에 와서 사역지를 돌아보니

토기장이가 빚으신 간장종지

막상 할 수 있는 사역이 기다리고 있는 것은 아니었다. 베트남 작은 신학교를 찾아가 한국어 가르치는 사역도 알아보고 여러 분의 선교사님들을 만나면서 베트남 사역에 대해서 많은 이야기를 들을 수 있었다.

정애가 한국에서 선교지를 향해 떠날 때는 친구 목사가 교회를 개척하면 한국에 취업하러 나올 베트남 청년들에게 전도하며 한국어를 가르칠 단순한 생각으로 왔는데 베트남은 사회주의 국가라서 교회개척이 어려울 뿐더러 많은 규약과 제한이 따라 더 열심히 기도하며 성령의 인도하심을 기다렸다. 이미 사역을 하고 계시는 선교사님들은 "1~2년 기다리면서 언어공부를 하고 있으면 사역이 보인다며 기다리라"고 했지만 정애 입장과는 다른 것 같아 계속 기도하며 사역지를 찾아다녔다. 한국에서 친구 목사가 컴퓨터 워드 작업을 많이 하고 온 탓에 손목에 깁스를 오랫동안 끼고 있어서 그의 손을 의지하지 못하고, 염치 좋게 안 목사님 팔을 매일 붙잡고 다녔다.

호찌민 시내에 강이 아홉 개가 있어서 싱그런 나무와 잘 다듬어진 푸른 잔디가 많아 골프채를 들고 다니는 사람도 눈에 띄었다. 정애가 교회에서 장애인 사역을 할 때에, 미국 교회에서 사용하는 유치부 시청각 교재로 가르친 적이 있는데 그때 사용했던 천지창조 교재가 생각날 만큼 강과 푸른 나무와 예쁜 꽃들로 칼라플한 호찌민 시내가 마치 에덴동산처럼 아름다웠다. 그런 거리를 걷다 보면 꿈만 같고 주님의 은혜에 감사했다. 정애가 베트남 땅을 밟고 있는 자체가 기적이요 은혜요 축복이었다. 홍붕하이 아파트에서 자다가 깨면 믿어지지 않아 내가 무어라고 선교지에 와서 주님의 귀한 사역을 꿈꾸며 준비하게 하시는지 주님의 계획과 인도하심이 놀랍고 주님 사랑에 감사해서 기도하다가 감사의 눈물을 많이 흘렸다.

주께서 20여 년 전에 안 목사님을 선물로 만나게 하신 것이 이때를 위함이었다는 생각이 들었다. 안 목사님을 몰랐다면 감히 생각할 수도 없는 일을 몸도 불편하고, 영어와 베트남 말도 못하는데 선교지에 나올 꿈이나 꿀 수 있었을까. 주님은 이미 정애의 미래를 알고 계셨기에 20년 전에 목사님을 예비하시고, 선교지에 와서까지 당신의 뜻을 이루어가고 계심이 믿어져 놀라움을 금치 못했다. 정애가 혼자 살면서 당당하게 신앙의 경주를 하며 여기까지 올 수 있었음은 날마다 주의 말씀을 의지하며 붙들고 살았기 때문이다.

여호와는 내 편이시라 내가 두려워하지 아니하리니 사람이 내게 어찌할까 여호와께서 내 편이 되사 나를 돕는 자들 중에 계시니 시편 118:6~7

내가 산을 향하여 눈을 들리라 나의 도움이 어디서 올까 나의 도움은 천지를 지으신 여호와에게서로다 시편 121:1~2

주님은 정애 평생에 항상 돕는 자로 계셔서 때를 따라 필요한 분들을 예비해 주시고, 당신의 뜻을 이루며 살게 하셨으니 날마다 "나의 갈길 다가도록" 찬송을 즐겨 부르며 인도를 받고 살도록 은혜를 주셨다.

토기장이가 빚으신 간장종지

나의 갈길 다 가도록 예수 인도 하시니
내 주안에 있는 긍휼 어찌 의심하리요
믿음으로 사는 자는 하늘 위로 받겠네
무슨 일을 만나든지 만사형통하리라
무슨 일을 만나든지 만사형통하리라

나의 갈길 다 가도록 예수 인도 하시니
어려운 일 당할 때도 족한 은혜 주시네
나는 심히 고단하고 영혼 매우 갈하나
나의 앞에 반석에서 샘물 나게 하시네
나의 앞에 반석에서 샘물 나게 하시네

나의 갈길 다 가도록 예수 인도 하시니
그의 사랑 어찌 큰지 말로 할 수 없도다
성령감화 받은 영혼 하늘나라 갈 때에
영영 부를 나의 찬송 예수 인도 하셨네
영영 부를 나의 찬송 예수 인도 하셨네

친구인 선 목사의 교회 개척이 어렵게 되자 아동복지와 장애
인복지 쪽 사역을 알아 보았다. 마침 선교사님의 소개로 자동차
를 두 번 갈아타고 2시간 떨어진 투덕Thuduc이란 곳에 성인 장애

인 6명이 학원을 운영하면서 흑인 고아 한 명과 함께 생활하고 있는 그레이스 장애인 센터를 소개받았다. 투덕이란 곳은 공장이 많은 지역으로 사는 형편이 어렵다고 했다. 베트남은 아직 인건비가 싸기 때문에 부부가 일을 해도 그들의 살림은 넉넉하지 않았다. 낮에는 부모들이 일을 나가기 때문에 아이들 교육을 봐줄 수 없어 학원에 보내고 있었는데 그 학원에서는 저렴한 비용을 받고 가르치고 있어 공부하는 학생들이 많았다. 흑인 고아는 여자아이로 장애인 자매들이 돌아가면서 돌보고 있었다. 흑인 아빠와 베트남 여인 사이에서 출생한 두 살 난 아이였는데 아빠가 미국에 들어갈 때 맡기고 가서 3년 째 찾아오지 않고 있다고 했다.

그레이스 장애인 센터에서 사역하고 있는 분이 총신대 신대원에서 공부할 계획이 있어 마침 공석이라 그 빈자리에서 사역할 준비를 하는 중에 공동체 삶을 함께 할 장애인들과 성탄 축하행사에 참석했다.

한국은 장애인 범주가 15개로 구분되어 있는데 한국에서 볼 수 없는 가엾고 특이한 장애를 가진 친구들이 많이 모여 성탄예배를 드렸다. 저녁식사와 장기 자랑하는 시간도 가져서 주님의 성탄을 축하했다. 팔다리 한쪽이 자라다 만 형제, 두 다리가 없어 상체로 기어 다니는 형제 등 대부분 몸이 왜소하고 기형적인 형제들이고 시각 장애인도 여러 명 있었다.

그들은 성탄 메시지를 전하고 앉아 있는 안 목사님(78세)께 찾아와 다정하게 어깨동무를 하며 하나님에 대하여 물으면서 예수님

토기장이가 빚으신 간장종지

을 열심히 믿고 싶다고 했고, 성경공부도 하고 싶어 했다. 또 다른 형제는 영어공부를 하고 싶어 했고, 컴퓨터도 배우고 싶어 하는 형제도 있었다. 그러나 장애 몸으로 투덕까지 배우러 오기란 거리적으로 불가능한 점이 정애는 아쉬웠다. 장애인들의 이런 소망을 들으면서 따라와 주지 못한 베트남 복지 현실이 안타까웠고, 반면에 장애인들의 미래를 보는 듯해 뿌듯했다. 베트남에 선천성 장애인들이 많은 것은 아마 베트남 전쟁에 참전했던 선친의 고엽제 후유증 영향 때문은 아닐까 하는 생각이 들었다.

또 정애가 만난 장애인 중에는 베트남 청각 장애인 20대 젊은 엄마도 있었다. 한국 남자와 결혼해서 돌 지난 아들을 데리고 전남 광주에서 잘 살고 있는데 교통사고로 남편이 사망을 하자 아들을 데리고 친정에 와 있는 엄마였다. 그 엄마의 고민은 아들을 데리고 고국에서 어렵게 살 것인지 아니면 외롭지만 한국에서 아들을 교육시키며 살 것인지를 고민하고 있었는데 정애 일행과 상담한 결과, 한국에서 장애인과 한 부모 가정으로 복지 혜택을 받으며 좋은 환경에서 아들 교육을 잘 시키겠다는 쪽을 택했다.

베트남에서 장애인 사역을 하려고 알아보았는데 베트남 정부에서 장애인들을 어느 한 지역에 몰아넣고 나라에서 정책적으로 관리하고 있다고 했다. 그래도 정애는 그레이스 장애인 센타에서 선교사님과 공동대표로 하고, 사역을 준비하는 중에 갑자기 상황이 어렵게 꼬여서 결국은 그곳에서 사역을 못하게 되었다. 먼 거리를 택시를 대절해서 여러 날을 다니느라 시간과 경비가 많이 들었는데 할 수 없게 되어 낙심이 되었다. 주님의 뜻을 알 수 없어 기도하며 묵상하는데 정애의 역량과 한계를 자신보다 더 잘 아시는 주께서 막으셨다는 생각이 들었다.

여호와여 주께서 나를 살펴 보셨으므로 나를 아시나이다 주께서 나의 앉고 일어섬을 아시고 멀리서도 나의 생각을 밝히 아시오며 나의 모든 길과 내가 눕는 것을 살펴 보셨으므로 나의 모든 행위를 익히 아시오니 여호와여 내 혀의 말을 알지 못하시는 것이 하나도 없으시니이다
시편 139:1~4

사람의 일을 사람의 속에 있는 영 외에 누가 알리요 이와 같이 하나님의 일도 하나님의 영 외에는 아무도 알지 못하느니라 고린도전서 2:11

사실 그곳은 학원을 운영해야 하기 때문에 회계 관리와 조건이 부담되었고, 장애인 센터가 호찌민시에 있음에도 정애가 살고 있는 푸미홍과 거리가 멀어 버스도 두 번이나 갈아타야 하는 위험부담이 있었다. 그런 어려운 상황을 안고서도 의욕이 앞서서 서둘렀던 점이 정애는 후회되어 회개기도가 나왔다.

마침 정애가 살고 있는 아파트 옆 동에 휠체어를 탄 미국인 닥터 짐 할아버지(86세)가 살고 있었다. 이분은 70년대에 월남전에서 장교로 참전했다는데 베트남 여인 탄Than의 케어를 받고 살고 있으면서 푸미홍에서 멀리 떨어진 곳에 고아 4명을 기르고 있다

토기장이가 빚으신 간장종지

고 했다. 그곳에 집을 얻어놓고 보모 한 사람이 양육하고 있다는데 이따금씩 탄이 가서 돌아보고, 생활비를 주고 온다고 하면서 넉넉히 후원을 못해서 집도 아이들 생활도 열악하다고 했다. 닥터 짐이 미국에서 온 연금으로 선한 일을 하고 있다고 생각하니 그의 노년의 삶이 귀해 보였다. 70년대에 월남전에서 월맹군들을 학살하고 양민들을 희생시킨 일이 후회되어 외롭게 이국땅에서 고아들을 돌보며, 빚을 갚으면서 노후를 보내며 살고 있는 닥터 짐의 삶에 따뜻하고 숭고한 인간미가 느껴졌다. 그는 86세 노구인데도 밤을 낮 삼아 컴퓨터로 글을 쓰고 있었는데 미국의 저력을 보는 듯했다. 저녁식사를 마치고 9시가 되면 항상 정애가 사는 아파트 옆 동 앞에 휠체어를 타고 나와 휴식을 취하고 있어서 안 목사님과 함께 시간을 맞추어 나가 애기를 자주 나누곤 했다.

그러던 어느 날 닥터 짐은 방 4~5개가 있는 큰 아파트를 얻어서 탄이랑 함께 살면서 고아원을 하면 어떠냐고 했다. 그래서 현재 하고 있는 그 고아원에 가보고 싶다고 했더니 여러 날을 차일피일 미루더니 어느 날은 갑자기 "돈 벌려고 고아원을 하려고 하느냐"고 했다. 전혀 생각해 보지 못한 말에 정애는 어이가 없어 그냥 일어나서 변명도 안 하고, 이해시키지도 않고 서둘러서 집으로 왔다. 정애는 남들도 자신과 같은 선한 마음으로 생각할 줄 알고, 두 달 동안 열심히 찾아다녔는데 그렇게 오해를 받고 나니 기도할 힘이 나지 않았다. 그래도 성경을 뒤적이다 고린도전서 말씀이 생각나서 묵상하며 상한 마음을 달랬다.

모든 것이 가하나 모든 것이 유익한 것 아니요 모든 것이 가하나 모든 것이 덕을 세우는 것은 아니니… 고린도전서 10:23

그런데 얼마 전에 새벽기도 하러 교회 계단을 오르는데 주께서 "내가 너를 세우리라"는 주님의 세미한 음성이 들렸다. 그 말씀을 믿고 두 달 동안 코피를 흘려가며 선교지를 열심히 찾아 다녔는데 사역지 두 곳이 막히면서 정애는 낙심이 되었다. 그러나 새벽기도에 가서 은혜를 구하는 기도를 하고 찬양하고 나면 주께서 위로해 주시고 함께 해 주실 것이 믿어져 다시 힘이 솟았다.

주 선한 능력으로 안으시네
그 크신 팔로 날 붙드시네
절망 속에도 흔들리지 않고
사랑하는 주 얼굴 구하리

선한 능력으로 일어서리
주만 의지하리 믿음으로
우리 고대하네, 주 오실 그 날
영광의 새 날을 맞이하리

주 선한 능력으로 안으시네
그 크신 팔로 날 붙드시네

토기장이가 빚으신 간장종지

그런 가운데 2019년 성탄절을 맞이하게 되었다. 한국식으로 표현하면 무더운 나라에서 이색적인 8월의 크리스마스를 보내게 된 것이다. 베트남은 구세주 되신 예수 그리스도는 몰라도 아파트 앞이나 백화점 상가와 거리에 성탄 트리를 화려하게 장식 해 놓았는데 의아했지만 반가웠다. 오랜 세월 동안 프랑스 식민지로 살아서 인지 성탄절을 기념하는 것이 익숙해 보였다. 전력이 약한 나라임에도 꼬마전구를 아끼지 않고 많이 달아서 주님의 탄생을 축하했다.

정애가 살고 있는 흥붕하이 아파트는 외국인들이 집중적으로 사는 특별 지역이라 치안도 잘 되어 있고, 외국의 기독교 축일도 잘 기억해서 아파트 입구와 안에까지 꼬마전구로 화려하게 장식해서 기쁨을 주었다. 호찌민 참조은 광성교회에서 은혜 가운데 성탄 예배를 드리고 성탄 찬송을 부르는데 한국에서 느끼지 못했던 감사의 눈물이 났다. 예수 믿지 않은 우상의 나라에서 성탄 송을 부르며 예배할 수 있다는 것이 고향에 온 듯이 포근하고 감격스러웠다. 오후에는 외국인 학교 강당을 얻어 교회학교에서 준비한 다채로운 성탄 축하공연을 재미있게 구경하며 기쁨으로 영광을 돌렸다.

2019년 송구영신예배를 은혜 가운데 드리고 2020 경자년 새해 아침이 밝았다. 새해 첫날! 아침을 하려고 쌀 봉투를 열어 보니 미처 시장을 못 봐서 쌀이 없었다. 이런 일이 이번만은 아니다. 바쁘게 다니다 보면 반찬이 없어서 고추장에 양파만 찍어 먹을 때도 많았다. 그래도 정애는 하나님께서 선하게 인도하실 날을 기다리는 마음으로 감사하며 행복해 했다.

"풍부에 처할 줄도 알고 궁핍에 처할 줄도 알아서 어떠한 형편에서도 자족하는 일체의 비결"(빌립보서 4:11~12)을 배우는 귀한 시간이었다.

새해 첫 날부터 라면을 끓여서 식은 밥을 말아 먹고 교회 가서 성경통독을 했다. 이사야서 말씀을 읽었는데 한 사람씩 앞으로 나가 돌아가면서 읽었다. 부모님을 따라온 초등부 학생에서부터 장로님, 권사님까지 60여 명이 모여 말씀을 읽으며 은혜 가운데 새해를 맞이하고, 점심에는 교회에서 떡국을 끓여주어 한국의 정을 느끼며 맛있게 먹었다. 선교지에서 먹은 떡국 한 그릇이 한국에서 먹을 때 보다 어떻게나 맛이 있었는지 꿀맛이었다. 3개월 동안 예배하며 새벽기도까지 할 수 있게 해 준 호찌민 참조은 광성교회와 두 분 목사님과 성도님들께 감사드린다. 새벽 기도를 마치면 정 집사님이 목사님들을 모시고 호텔에서 쌀국수를 아침마다 자주 사 주었는데 맛도 좋았지만 부족한 사람이 목사님들과 함께 식사를 하며 은혜로운 교제를 나눌 수 있어 황송하고 감사했다.

정애는 언젠가 기독교 TV CBS 방송〈새롭게 하소서〉 시간에 듣고 은혜받았던 캄보디아에서 선교하고 있는 김연희 선교사의 은

토기장이가 빚으신 간장종지

혜로운 간증이 생각났다. 캄보디아라면 베트남과 근접한 나라이기 때문에 호찌민에서 갈 수 있을 것 같았다. 김 선교사님의 어린이 교육과 복지 사역을 하는 은혜로운 현장을 실제로 눈으로 보고 은혜 위에 은혜를 더하고 싶었다.

정애 일행은 새벽에 첫차로 캄보디아행 버스에 올랐다. 버스 안에는 반갑게 한국의 금호고속버스라고 쓰여 있었다. 그런데 많이 낡아서 고물이 다 된 버스였다. 안전벨트도 끊어져 모양만 있고, 의자를 뒤로 젖히는 버튼도 작동되지 않았다. 그런데 에어컨만은 빵빵하게 돌아갔다. 사전지식이 없이 여름옷을 입고 간 정애는 너무 추워서 잠옷까지 꺼내어 몸을 감쌌지만 "오들오들" 떨었던 기억뿐이다.

3시간을 달려 캄보디아 국경에 도착했다. 캄보디아는 벌써 2번째다. 처음에는 호찌민 공항에서 나올 때에 휠체어로 나오는 바람에 공항 직원이 미처 입국 절차를 밟지 않고 나와, 여행 비자로 15일 되는 여권을 갖고 있어서 부랴부랴 캄보디아를 다녀 프놈펜에서 하룻밤을 자고 간 적이 있다.

많은 사람들이 버스에서 내려 짐을 옮겨 싣고 캄보디아 입국 절차를 밟았다. 미국인 중국인 베트남 사람 캄보디아 사람 인도 사람 미얀마에서 온 호주인 스님도 있었다. 모두들 여행 중이라 자유스런 짧은 반바지에 헐렁한 티셔츠 차림의 간편한 복장이었다. 스님도 여행 중이어서 인지 티셔츠에 검정 트레이닝 바지를 입고 있었다. 국경지역이 삼엄하고 무서울 줄 알았는데 의외로 자유로웠다. 세계지도를 볼 때에 캄보디아와 베트남이 인접국가라서 10불(12,000원 정도) 내고 버스로 6시간이면 이동이 가능했다. 국경에서 기다리며 캄보디아 입국 절차 밟는 한 시간을 더해도 7시간이면 나라와 나라를 넘나들을 수 있으니 과학문명이 이렇게 인간 사회를 편리하게 해 준 사실이 새삼스럽게 놀랍고 신기했다.

캄보디아로 들어가면서 차창너머로 보인 들녘은 열대식물도 많지 않고 쉬고 있는 농지가 많아 마음이 아팠다. 드넓은 평야에 이따금씩 보이는 검고 하얀 마른 소들이 고개를 쳐 박고 무엇인가를 찾고 있는데 창세기에 나온 애굽의 바로 왕이 꾼 꿈속에 나타난 비쩍 마른 소들처럼 보여 캄보디아의 척박한 현실을 예감할 수 있었다.

프놈펜의 대중교통 수단인 오토바이를 개조한 택시, 툭툭(tuk tuk)을 타고 숙소를 정해 놓고 정애 일행은 빈민 사역을 하고 있는 물새 선생님, 김 선교사를 찾아 나섰다. 툭툭을 예약해서 이틀을 뒤지다시피 빈민촌 따뜰락을 돌아다녔지만 서울에서 김 서방을 찾듯이 김 선교사님을 만나는 길은 멀고도 험했다.

아침에 일어나 중국 식당에 들어갔는데 까무잡잡한 어린아이가 식탁을 닦고 있었다. 주문을 받으러 와서 몇 살이냐고 물었더니 10살이고 이름은 완이라고 했다. 한창 부모 밑에서 재롱을 떨며 학교에 다닐 나이에 식당에서 일을 하고 있으니 가엾기가 그지 없었다. 숙소로 들어가는데 이른 아침부터 남자아이 두 명이 꾀죄죄한 모습으로 신발도 신지 않고 맨발로 거리에서 서성이고 있었다. 학교에 가야 할 이른 시간에 저들이 왜 거리에 나와 있는 것인

토기장이가 빚으신 간장종지

지, 밤에는 어디서 잠을 자고 이른 아침부터 길거리로 나와 서성이고 있는지 정애는 마음이 아팠다. 우리나라 선교사님들이 캄보디아에 가면 그런 아이들의 비참한 모습을 보고, 잊지 못해서 주님의 마음으로 그 척박한 땅을 다시 찾아가서 사역한다는 말이 충분히 이해가 되었다. 정애는 그 아이들의 가여운 모습이 오랫동안 잊혀지지 않았다.

캄보디아의 경제력이 약해서 아이들 교육과 복지까지 못 미치고 있는 현실을 보고 선교사님들 할 일이 많겠다는 생각이 들었다. 감사하게도 정부에서 못하는 많은 일들을 우리나라 선교사님들이 캄보디아인 교회와 한국인 교회, 캄보디아인 학교, 유치원, 캄보디아인을 위한 직업학교까지 세워서 선교하는 귀한 사역을 감당하고 있고, 절단 장애인을 위해 의족까지 만들어 주며 선교하는 선교사님도 있어 감사했다.

우리나라도 기독교 초기에 미국에서 선교사님들이 와서 학교와 병원과 고아원을 세워 기독교 교육을 시키고 병든 자들을 치료해서 오늘날 대한민국의 번영과 발전을 이룬 것처럼 캄보디아 땅도 속히 한국과 같이 복음을 받아드려서 예수 믿고 하나님께 예배하는 나라가 되기를 정애는 간절히 소망했다. 캄보디아도 베트남처럼 상점마다 작은 제단을 놓고 그 안에 플라스틱으로 만든 작은 우상이 손님들을 들어오라고 손짓하고 있었다. 캄보디아 사람들 손목에는 "언버"라는 붉은 실로 된 팔찌를 차고 있었는데 그것을 차고 있으면 행운이 온다는 미신을 믿고 있었다.

캄보디아 한인교회에서 주일 예배를 드리고 김 선교사님 주소를 물어 보았으나 현지에 있는 선교사님들도 잘 모른다고 했다. 일행은 꼭 만나고 싶은 생각에 확실하지 않은 주소를 들고 다음날도 다시 따뜰락 빈민촌을 온종일 돌아보았지만 찾을 수 없어 숙소로 돌아왔다. 하루를 예약하고 돈까지 주고 툭툭을 타고 돌아 다녔는데 기사가 피곤했는지 약속이 있다면서 5시에 숙소로 데려다 주었다. 포장이 안 된 도로 위를 눈만 내놓고 마스크와 모자를 쓰고 먼지를 뒤집어쓰고 달려서 간 따뜰락은 우리나라 난지도 같이 쓰레기 더미로 가득 쌓여 있었다. 황무지같이 메마른 건조한 땅, 빈민촌 따뜰락! 아이들이 그곳에서 신발도 신지 않고 먹을 것을 찾아 헤매고 다녔다. 정애는 가슴이 답답하고 먹먹해 왔다.

34도가 넘게 내리쬐는 뙤약볕에 달구어진 비포장 길을 맨발로 아이들이 걸어 다닌다고 생각하니 정말 마음이 아팠다. 황량한 벌판에서 생명의 말씀을 가르치며 땀 흘리며 사역하고 있을 김 선교사님 손이라도 잡아 보고 주님의 사랑을 나누고 싶은데 만난다는 것이 그리 쉽지 않았다. 정애는 쓰레기 더미를 한참 바라보고 있다가 기도 하는데 "황무지가 장미꽃 같이"라는 찬송이 자연스럽게 흘러 나왔다.

> 황무지가 장미꽃같이 피는 것을 볼 때에
> 구속함의 노래 부르며 거룩한 길 다니리
> 거기 거룩한 그 길에 검은 구름 없으니
> 낮과 같이 맑고 밝은 거룩한 길 다니리

토기장이가 빚으신 간장종지

이 찬송처럼 메마른 캄보디아 땅이 속히 복음을 받아 드려서 황무지가 변화되어 교회가 세워지고, 황량한 그곳에 예수 생명이 꽃으로 피어나기를 소망하며 정애는 캄보디아 복음화와 교육을 위한 기도 제목을 안고 돌아왔다.

야곱의 하나님을 자기 도움으로 삼으며 여호와 자기 하나님에게 자기의 소망을 두는 자는 복이 있도다 시편 146:5

이러한 백성은 복이 있나니 여호와를 자기 하나님으로 삼는 백성은 복이 있도다 시편 144:15

안 목사님이 작년에 동남아 선교여행 차 호찌민에 들렀을 때, 후원하고 오신 고아원이 있어서 석 달 동안 애써 찾아보았으나 주소와 연락처를 알 수 없어, 찾아갈 생각을 못하고 안타까워하고 있던 차에 어렵게 전화번호를 알게 되어 원장님과 사모님을 만났다. 200킬로미터가 넘은 곳에서 오토바이로 2시간을 타고 왔는데 많이 지쳐 보였다. 정애는 안 목사님과 같이 저녁을 대접하고 교제했다.

베트남 사람인 민 원장님은 목사님으로 은혜교회를 목양하면서 12명 고아들을 돌보고 있고 대학생도 한 명 가르치고 있다고 했다. 원장님 내외는 젊은 분이었는데 정애 일행을 외국인으로 처음

대하기 때문에 다소 경계하는 빛도 있어 보였다. 우선 의사소통이 원만하지 못하니 당연하다는 생각이 들었다. 처음 만나는 외국인이 선뜻 고아원을 돕고 싶다고 하니 어찌 의심스럽지 않겠는가. 우리는 베트남 말을 못하고 저들은 영어와 한국말을 못해 의사소통이 많이 어려웠지만 핸드폰 번역기로 "나는 결혼을 안 한 싱글인데 남은 여생을 베트남 고아들이 교육을 잘 받아서 이 땅에서 또 하나님 나라에서도 필요한 일꾼으로 설 수 있도록 기도하며 도와주고 사는 것이 꿈이라"고 정애의 뜻을 정확하게 전하고 의사 전달이 잘 되어 구정(설)에 사랑의 집을 방문하기로 하고 헤어졌다.

정애는 고아원 방문을 앞두고 통역을 세워서 무엇이 필요하냐고 전화로 물었더니 신발이 필요하다고 했다. 점심도 함께 대접하기로 하고, 점심과 운동화와 간식비까지 미리 보내고, 명절 때는 바쁠 수도 있어서 설날 전에 택시를 하루 예약해서 이른 아침부터 호찌민에서 동쪽으로 200킬로미터를 2시간 넘게 달려서 사랑의 집에 도착했다.

언제 놓았는지 호찌민과 동나이를 연결하는 고속도로가 깨끗하게 포장되어 있어 장시간 달리면서 침대 버스를 보았다. 택시 자동차 오토바이 행렬이 아침을 열며 쌩쌩 달렸다. 이른 아침 시간이라 한국의 출근 시간처럼 차량이 많아 많이 정체했다. 구정을 앞두어서 인지 고향으로 내려가는 차량이 더 많은 듯했다. 베트남도 구정을 중국의 춘절처럼 큰 명절로 지냈다. 상점들도 많이 문을 닫고 고향으로 내려가 이동인구가 많았다.

토기장이가 빚으신 간장종지

알 수 없는 지방 도시를 지나가는데 화훼농장에서 키운 형형색색의 싱싱한 꽃들이 보였다. 그 중에서도 가장 반갑게 다가온 꽃은 한국의 노란 국화와 같은 꽃인데 크기가 한국 국화보다 작았다. 국화꽃이 익숙해서 인지 작지만 노란 국화꽃이 정감이 갔다. 한국의 계절은 1월 겨울이고, 베트남은 여름 날씨이니 노란 국화꽃 핀 것이 신기해 보였다. 그래도 그 작은 국화꽃은 호찌민 거리와 흥붕하이 아파트에서도 흔히 볼 수 있어서 더 반가웠다.

사랑의집 고아원 진입로에 과수원이 있는데 열매가 매달려 있지 않아 무슨 과일 나무인지는 알 수 없었다. 참 한가롭고 정다운 농촌의 과수원을 지나니 좌우로 널려진 많은 세탁물들이 먼저 반겼다. 말끔하게 생긴 사내아이가 "신 짜오!" 인사를 하며 정애를 맞아 주었다. 교회 안으로 인도된 일행은 기도를 하고 앉아 있는데 민 목사님과 아이들이 둥그렇게 둘러싸고 서 있었다. 어린 남자아이 한 명이 정애 무릎에 엉덩이를 밀고 올라앉았다. 정애는 가벼운 플라스틱 의자에 앉아 있기도 불안한데 아이가 올라와 앉으니 몹시 불편했다. 아이는 저도 앉은 자리가 불편했는지 중심을 잡느라 엉덩이를 이리저리 비벼대는데 귀여웠다. 정애는 처음 본 자신의 무릎에 스스럼없이 올라와 앉은 아이가 사랑스러워 두 손으로 꼭 끌어안았는데 아이의 온기가 느껴져 가슴이 뭉클했다. 이제 2년 9개월 된 쟌_{John}이라고 했다. 쟌은 쌍둥이였는데 형의 이름은 모세였다. 성경에 나온 신약의 요한과 구약의 인물, 모세 이름을 본 따서 훌륭한 믿음의 사람이 되라고 민 목사님이 지어 주었

다고 했다. 정애는 쟌이 어떻게 알고 자신의 무릎에 올라와 앉았
는지 놀랍기도 하고 감사한 마음이 들었다. 쟌은 정애의 핸드폰을
가져가서 신기한 듯 동영상을 돌려 보았다. 정애는 처음 본 낯선
사람 무릎 앞에 선뜻 올라와 앉은 쟌이 고맙고, 그들을 맡겨도 될
영적인 어머니로서 주께서 인정해 주시는 것 같은 확신마저 들었
다. 쟌이 친근감 있게 다가와서 자기에게 안긴 것이 저들에게 어
머니로서 합격점을 받은 것처럼 기쁘기도 했다.

아이들은 태어나서 처음 신어보는 새 운동화를 신고 즐거워하
고, 먼저 신은 형이 동생 운동화 끈을 묶어 주는 모습을 보면서 부
모들이 있으면 엄마 아빠가 신겨주고 묶어 주었을 텐데 자기들끼
리 신고 동생을 묶어 주는 모습이 사랑스럽기도 하면서 한편으로
는 마음이 짠했다. 신발을 신고 나와 얼음 위에서 미끄럼을 타듯
이 재미있게 미끄럼을 타는 아이들도 있었다. 아이들의 즐거워하
는 모습을 보니 하늘에서도 주께서 기뻐하실 것 같아 마음이 흐뭇
하고, 그들의 필요를 채워주고 나눌 수 있도록 사용해 주신 주님
의 은혜에 감사했다.

학교에 다니는 아이들은 6킬로미터 떨어진 학교에 자전거를 타
고 다닌다는데 아이들이 안쓰럽고, 목사님 내외분 사랑의 수고에
고개가 숙여졌다. 베트남에서 즐겨먹는 토속 음식으로 아이들과
함께 점심과 망고를 먹고 교회로 나오니 모두들 새 신발을 신고
먼저 나와서 기다리고 있었다. 정애 일행은 기념 촬영을 하고 둥
그렇게 서로의 손을 마주 잡고 서서 민 목사님의 감사기도에 이어

안 목사님이 은혜교회와 사랑의 집 아이들의 미래를 위한 기도를 하고 돌아왔다.

이제 정애가 돌봐야 할 가족이 12명이나 생겼다. 결혼을 안하고 평생을 교회 일을 하면서 장애인을 가르치고 자원봉사를 하며 혼자 살아왔던 정애는 벅차고 어려운 일이지만 주께서 힘주시는 대로 기도하며 섬길 것을 다짐했다. 42년 전에 교회에서 간질경기 발작이 일어나려고 할 때에 기도하기를 "사는 날 동안 주님께 헌신하며 살겠다"고 기도하며 병을 고침 받았기 때문에 그 약속을 지키고 돌아가게 되어 감사했다. 우리나라가 베트남 전쟁에 참전해서 국가적으로 좋은 일도 많이 했지만 라이따이한과 같이 아직도 해결하지 못한 상흔에 조금이나마 빚을 갚고 가는 것 같아 마음이 가벼웠다.

정애가 101일 동안 동남아 선교여행을 하면서 주님께 받은 미션mission은 베트남 호찌민과 캄보디아 프놈펜 칸쎈쏙까지 새로운 세계인 동남아 선교현장을 보게 하시고, 하나님의 사랑이 필요한 12명의 영적인 가족까지 선교의 열매로 주신 아버지 하나님께 감사했다. 간장종지처럼 작고 보잘 것 없는 연약한 사람을 세우셔서 하나님 나라를 이루어 가시는 작은 사역이 하나님의 사랑과 살아계심을 나타내게 하셨으니 만입이 있은들 그 복을 어찌 헤아릴 수 있으랴!!!

* 에벤에셀 하나님 *

감사하신 하나님   감사하신 하나님
에벤에셀 하나님   에벤에셀의 하나님
살아계신 하나님   살아계신 하나님
에벤에셀 하나님   에벤에셀 하나님
여기까지 인도하셨네   장래에도 인도하셨네
감사하신 하나님   감사하신 하나님
여기까지 인도하셨네   장래에도 인도하셨네
살아계신 하나님   살아계신 하나님
감사하신 하나님   감사하신 하나님
에벤에셀 하나님   에벤에셀 하나님
살아계신 하나님   살아계신 하나님
에벤에셀 하나님   에벤에셀 하나님

* 에벤에셀(Ebenezer)
도움의 돌이라는 히브리어로 "여기까지 도우셨다"라는 뜻.
이스라엘과 블레셋이 싸울 때, 하나님께서 이스라엘을 도와서 이긴 기념으로 사무엘 선
지자가 미스바와 센 사에에 세운 비석으로, 후에 지명이 됨(사무엘상 7:12)

하나님과 가까이 함이 내게 복이라 내가 주 여호와를 나의 피난처로 삼아 주의 모든 행적을 전파하리로다 시편 73:28

정애가 발병을 했을 때, 엄마는 처음으로 그의 사주를 보았는데 치마만 둘렀지 남자 사주였다고 했다. 아담하고 극히 여성스럽고 고운 정애가 이미 남자 같은 크고 작은 일을 많이 하고 살았지만 아프지 않았다면 과연 어떠한 모습으로 무슨 일을 하며 살았을지 궁금하다. 하나님께서 어떠한 모양으로 사용하셨든지 당신의 철저한 계획과 섭리대로 선하게 인도하셨으리라 믿으니 그녀의 발병이 주안에서 해석이 된다. 하나님의 계획과 섭리에 의해 이루어진 섭리 신앙 안에서 깨달으니 하나님의 절대 주권 안에서 순종하며 살게 하신 긴 세월이 은혜 위에 은혜를 누리며 산 감사한 삶이었다.

20여 년 전에 안 목사님을 목회자 세미나에서 만나게 하시고 늦은 나이지만 비전을 주셔서 불편한 몸으로 베트남 캄보디아 등 동남아 선교지까지 돌아보게 하시고, 생각지도 못했던 고아와 장애인 복지 사역을 혼자는 감당할 수 없기에 안 목사님을 돕는 자로 만나게 하셔서 동역하게 하신 주님의 뜻이 이미 오래전에 계획되어 인도하심이 놀랍고 감사하다. 장애를 갖고 혼자는 사역을 할 수 없기에 만남의 축복을 주셔서 인생의 터닝 포인트로 이루어 가시는 현실이 정말 놀라워 성경 속에 나온 신묘막측이란 표현이 조금도 부족하지 않다.

> 우리가 알거니와 하나님을 사랑하는 자 곧 그 뜻대로 부르심을 입은
> 자에게는 모든 것이 합력하여 선을 이루느니라 로마서 8:28

하나님은 우연히 충동적으로 일하지 않으신다. 한 사람 한 사람에 대한 계획을 가지고 낮추기도 하시고 때로는 높이기도 하면서 당신의 뜻을 이루신다. 파도가 없는 바다가 없듯이 고난이 없는 인생도 없다. 정애 가정을 구원하시려고 우상 섬기는 가정에서 부르시고, 부모님을 먼저 주 안에서 하나님 나라에 가게 하여 가정 구원을 이루신 구속의 은혜가 이미 창세전에 계획되었던 은혜의 경륜임을 깨달으니 하나님의 크신 사랑을 찬양하지 않을 수 없게 되어 감사한 마음으로 글을 쓰게 되었다. 정애 인생은 주님의 부활처럼 끝날 것 같은 고통에서 은혜를 주셔서 다시 시작하여 이룬 것이기에 더욱 소중하고 감사하다.

> 대저 사람의 길은 여호와의 눈 앞에 있나니 그가 그 사람의 모든 길을
> 평탄케 하시느니라 잠언 5:21

부와 귀가 주께로 말미암고 또 주는 만물의 주재가 되사 손에 권세와 능력이 있사오니 모든 사람을 크게 하심과 강하게 하심이 주의 손에

있나이다 역대상 29:12

한치 앞도 모르는 무지한 인생이 70년 세월을 홀로 산 삶을 돌이켜보니 발자국마다 주께서 함께 하지 않으셨다면 정애의 오늘은 없다. 정애 부모님께서 90수를 하시고 여러 형제들이 있지만 그는 일찍이 독립된 개체로써 장애2급의 반신불수 몸으로 여기까지 온 사실이 기적이요, 주의 돌보심이요, 은혜의 손길이었음을 생각하니 감사의 눈물 없이는 설명할 수가 없다.

이스라엘 백성을 애굽의 억압에서 열 가지 재앙으로 바로 왕을 굴복시켜 홍해를 건너게 하시고 40년 동안 광야생활을 하는 동안에 밤에는 불기둥으로 낮에는 구름기둥으로 인도하시며 의복이 해어지지 않고 발이 부르트지 않도록 업고, 때로는 안으셔서 세심하게 돌보시며 인도하신 하나님이 생각난다.

이 사십 년 동안에 네 의복이 해어지지 아니 하였고 네 발이 부르트지 아니하였느니라 신명기 8:4

광야에서도 너희가 당하였거니와 사람이 자기 아들을 안는 것 같이 너희의 하나님 여호와께서 너희가 걸어온 길에서 너희를 안으사 이 곳까지 이르게 하셨느니라 신명기 1:31

하나님 안에서 거저 되는 것은 없다. 장애의 몸으로 주께 헌신

하며 살아온 43년의 삶이 하나님 이외의 다른 것에 마음을 두지 않고, 날마다 주님을 향해 기도하며 말씀에 순종하며 살 수 있었던 것은 고난 중에 주의 말씀을 배웠기 때문이다.

> 고난당한 것이 내게 유익이라 이로 말미암아 내가 주의 율례를 배웠 나이다 시편 119:71

하나님은 정애 인생 최고의 날에 최고의 장인으로 오셔서 쓸모 없는 진흙덩이 같이 작고 연약하고 부족한 사람을 깨뜨리고, 다듬어서 위대한 걸작품으로 만드셨다. 정애가 건강하고 세상적으로 잘 나가고 인기가 있을 때는 구원의 주님이 보이지 않았다. 그래서 발병한 것이 처음에는 불행인줄 알고 슬퍼하고 절망했는데 주님의 뜻임을 알고 보니 은총의 시작이었다.

믿음의 결국은 곧 영혼의 구원이다(베드로전서 1:9). 미래가 보이지 않은 고통과 절망 중에 있을 때에 주님은 사랑으로 다가오셔서 구원해 주시고 날마다 임마누엘 해 주셔서, 세상 끝날까지 믿음을 갖고 오직 정의를 행하며 인자를 사랑하며 겸손하게 하나님과 동행하며 살기를 원하시는(미가 6:8) 주님께 오늘도 정애는 주님의 뜻대로 살기를 하나님 면전coram deo에서 다짐한다. 질병 가운데서도 주님의 은총을 저버리지 않고, 끝까지 신앙의 경주를 하게 하시고, 승리의 삶을 살게 하셔서 결국은 거룩한 그리스도의 신부로, 그리스도의 향기로 생명력 있는 삶을 살게 하심에 뜨거운 감사의 글을 올려 드린다.

나를 지으신 이가 하나님!
나를 부르신 이가 하나님!
나를 보내신 이도 하나님!
나의 나 된 것도 다 하나님의 은혜라

나의 달려갈 길 다가도록
나의 마지막 호흡 다 하도록
나로 그 십자가 품게 하시니
나의 나 된 것은 다 하나님의 은혜라

한량없는 은혜 갚을 길 없는 은혜
내 삶을 에워싸는 하나님의 은혜
나 주저함 없는 그 땅을 밟음도
나를 붙드시는 하나님의 은혜~~

토기장이가
빚으신
간장종지